Ullstein

W0038784

ÜBER DAS BUCH:

Wer träumt nicht davon, wie Dagobert Duck im Geld zu baden? Das Problem dabei ist nur: Wie wird man reich und erfolgreich? In diesem Buch finden Sie eine praktische Anleitung, eine Abkürzung auf dem Weg zu Erfolg und Reichtum.

Zuerst müssen Sie daran glauben, reich werden zu können. Anschließend gilt es, diverse Vorurteile auszuräumen: Sie sind weder zu jung noch zu alt, um Vermögen anzuhäufen. Zu wenig Startkapital? Viel wichtiger als genügend Geld ist eine zündende Idee.

Was Sie aber unbedingt brauchen, ist ein gesundes Selbstvertrauen und Mut zu sich selbst. Sie finden in diesem Buch leicht anzuwendende Regeln und Prinzipien. Erwarten Sie jedoch keine Wundermittel.

DER AUTOR:

Walter Hansmann ist Führungskraft in einem großen EDV-Unternehmen. Er widmet seine Freizeit der Literatur und dem Studium von Autobiographien erfolgreicher Menschen. Nachdem seine Recherchen ergeben haben, daß alle diese Menschen, so unterschiedlich sie auch sein mögen, die gleichen Prinzipien anwendeten, verfaßte er diesen Leitfaden.

Walter Hansmann

# Mut zum Reichtum

Der »Club der Millionäre«
ist keine geschlossene
Gesellschaft

**Ullstein**

Ullstein Buchverlage GmbH & Co. KG,
Berlin
Taschenbuchnummer: 35454

Ungekürzte Ausgabe
2. Auflage November 1997

Umschlagentwurf:
Simone Fischer & Christof Berndt
Foto: Bildagentur Mauritius
Alle Rechte vorbehalten
Taschenbuchausgabe mit
freundlicher Genehmigung der
F. A. Herbig Verlagsbuch-
handlung GmbH, München
© 1993 by Universitas in der
F. A. Herbig Verlagsbuch-
handlung GmbH, München
Printed in Germany 1997
Druck und Verarbeitung:
Ebner Ulm
ISBN 3 548 35454 8

Gedruckt auf alterungs-
beständigem Papier mit
chlorfrei gebleichtem Zellstoff

Die Deutsche Bibliothek –
CIP-Einheitsaufnahme

Hansmann, Walter:
Mut zum Reichtum: der »Club der
Millionäre« ist keine geschlossene
Gesellschaft/Walter Hansmann. –
Ungekürzte Ausg., 2. Aufl. –
Berlin: Ullstein, 1997
(Ullstein-Buch; Nr. 35454: Ratgeber)
ISBN 3-548-35454-8
NE: GT

# Inhalt

# Kapitel 5: Eine schnelle Entscheidung treffen

# Kapitel 6: Die magische Kraft eines Ziels

# Kapitel 7: Ein Rückschlag macht Sie stärker

# Kapitel 8: Beispiel John D. Rockefeller

# Kapitel 9: Goldene Rezepte für den Erfolg

# Kapitel 10: Die Geschichte von Henry Ford

## Was bringt Ihnen dieses Buch?

Dieses Buch gibt Ihnen eine Anleitung, wie Sie sehr reich und beruflich und privat erfolgreich werden!
Es ist eine praktische Anleitung, und die leichte Anwendung der beschriebenen Schritte wird Sie begeistern!
»Eine Reise von tausend Schritten beginnt mit dem ersten Schritt«, lautet eine alte chinesische Weisheit. Mit der Anschaffung dieses Buches haben Sie bereits den ersten Schritt in Richtung Reichtum gemacht.
Was dieses Buch überdies so interessant macht, ist, daß es auf alle Bedürfnisse zugeschnitten ist. Es wird Ihnen zeigen, wie Sie ans Ziel Ihrer Wünsche kommen.
Reiche Leute üben seit eh und je eine eigentümliche Faszination auf ihre Mitmenschen aus, eine Faszination, der auch wir uns nicht entziehen können. Vielleicht haben auch Sie Ambitionen, reich zu werden, sehr reich, sich unter die Millionäre zu mischen. Das ist legitim. Und das ist auch absolut möglich.
Der Club der Millionäre ist keine geschlossene Gesellschaft. Es liegt nur an Ihnen, beizutreten. Dieses Buch ist eine Abkürzung auf dem Weg zum Reichtum. Es ist gewissermaßen ein Reisepaß: ein Reisepaß in das Land eines besseren finanziellen Wohlbefindens!

# Kapitel 1

# Der erste Schritt

# Die Grundvoraussetzung, um reich zu werden

»Womit anfangen?« Das ist wohl die Frage, die einem als erstes in den Sinn kommt, wenn man reich werden will, egal, welche Vorstellungen man mit Reichtum verbindet, das heißt, egal, ob man nur sein Einkommen in bescheidenem Maße steigern oder ob man gleich direkt eine Million ansteuern will.

Ja, womit anfangen? Die Welt ist groß, und die Fragen, die sich einem aufdrängen, sind vielfältig.

---

Man muß grundsätzlich erst einmal daran glauben, daß man reich werden kann!

---

Dies scheint geradezu eine Binsenweisheit zu sein, aber denken Sie einmal kurz darüber nach.

Unsere Erziehung, unsere Gesellschaft und unser ganzes Denken ist in der Regel leider eher negativ ausgerichtet, als von Optimismus geprägt.

Wir neigen dazu, den Reichtum und das schöne Leben als eine Sache der anderen zu betrachten. Es vergeht kaum ein Tag, an dem man nicht von irgendwelchen Leuten darauf hingewiesen wird, daß man nicht träumen soll, daß man die Dinge »realistisch« sehen soll und dergleichen mehr...

Dies ist eine Einstellung, die, ungefiltert übernommen, äußerst fatal ist. Denn letztlich leistet sie dem Vorurteil Vorschub, daß Erfolg und Reichtum allein das Privileg einer Elite und daß Reichtum ein »Naturschutzgebiet« mit dem Schild »Betreten verboten!« sei.

So ist es aber nicht! Dieses Schild existiert nur in den Köpfen der Leute. Sie schließen sich praktisch selbst aus.

---

De facto haben all diejenigen, die reich geworden sind, zuallererst einmal daran geglaubt, daß sie es auch werden können!

---

Denken Sie darüber nach, selbst wenn es Ihnen, wir haben Sie davor gewarnt, auf den ersten Blick banal erscheinen mag.

Sie werden möglicherweise erstaunt sein, was eine solche Selbstbeobachtung zutage fördert.

Haben Sie keine Angst davor, in die Tiefe zu gehen. In jedem Menschen gibt es so etwas wie Grauzonen, die es zu entschleiern gilt.

# Erfolgreich zu sein ist nicht schwerer, als erfolglos zu sein!

Für die meisten Leute ist der Mißerfolg zu einer Art Gewohnheit geworden. Und die Macht der Gewohnheit ist ziemlich stark. Die Gewohnheit wird tatsächlich zur zweiten Natur. Man klammert sich an alles, selbst an unerfreuliche Dinge. Wenn Scheitern zur Gewohnheit wird, hat das fatale Folgen.

Man muß sich darüber klar werden, daß es im Grunde nicht schwerer ist, erfolgreich zu sein, als erfolglos. Das ist einfach eine Sache der Programmierung. Das Unterbewußtsein sieht darin kein Hindernis. Der Energieaufwand ist der gleiche. Nur das Programm ist eben anders. Das Unterbewußtsein macht keine Unterschiede.

Im folgenden Kapitel werden wir die für den Erfolg ungeheuer wichtige Rolle des Unterbewußtseins noch näher beleuchten.

Um Ihnen bei Ihrer Selbstbeobachtung noch einen Schritt weiter zu helfen, wollen wir die Gründe, um nicht zu sagen »Ausflüchte«, kurz analysieren, hinter denen sich diejenigen verschanzen, die nicht daran glauben, reich zu werden.

»Früher war alles viel einfacher!«

Wie oft haben wir diesen Satz nicht schon gehört! Für manche ist dieser Satz fast schon ein Dogma. Man entschuldigt damit seine Inaktivität und spielt seine eigene Erfolglosigkeit herunter.

Ein bedauernswertes Vorurteil, das täglich Lügen gestraft wird. Denn wußten Sie, daß in den USA im Durchschnitt täglich 40 Personen ihre erste Million machen?

Aber ja doch! 15 000 Leute schließen sich pro Jahr dem Kreis der Millionäre an. In Frankreich und in Deutschland liegt diese Zahl knapp darunter, ist aber beinahe genauso spektakulär. Das sollte zu denken geben. Und wenn 15 000 Leute allein in den Staaten jährlich zum Millionär werden, wie viele Leute gibt es dann Ihrer Meinung, die die halbe Million oder eine viertel Million voll machen? Zweifellos eine noch beeindruckendere Zahl.

Das hindert die Leute jedoch keineswegs daran, ständig darauf hinzuweisen, wie schwer die Zeiten sind angesichts der Arbeitslosigkeit, der Inflationsrate und der allgegenwärtigen Multis, die alle Märkte fest im Griff haben.

Wieder so ein Vorurteil, das unter anderem auch von den offiziellen Statistiken widerlegt wird. Wußten Sie, daß im Jahre 1991 735 000 Kleinbetriebe gegründet wurden? Diese neuen Unternehmen schaffen selbstverständlich Arbeitsplätze und entlasten den Arbeitsmarkt.

Den Einwand, daß es vor 30 oder 50 Jahren leichter gewesen sei, zu Geld zu kommen, haben sich übrigens die meisten erfolgreichen Unternehmer auch anhören müssen, und nicht nur nachdem sie ihr Vermögen gemacht hatten, sondern auch am Anfang ihrer Karriere.

Glücklicherweise haben sie sich davon nicht beeindrucken lassen.

Paul Getty, der einmal als reichster Mann der Welt galt, hat in seinem Buch »How to Be Rich« folgendes erzählt:

»Jeder, der in seinem Leben Erfolg gehabt hat, sieht sich mit schöner Regelmäßigkeit von seinen Mitmenschen vor die Frage gestellt: Wie könnte ich – oder ein anderer – dies auch erreichen?

Wenn ich dann erzähle, wie ich als Bohrarbeiter vor mehr als vier Jahrzehnten begonnen habe, den Grundstein zu meinem Unternehmen zu legen, kommt gewöhnlich der Einwand:

›Aber Sie hatten Glück: Sie haben zu einer Zeit angefangen, als es noch möglich war, Millionen zu machen: Heute könnten Sie das nicht mehr. Niemand könnte es!‹

Ich kann mir nicht helfen, aber diese bei augenscheinlich intelligenten Menschen vorherrschende negative und in meinen Augen falsche Einstellung verwirrt mich immer wieder aufs neue.«

Denn es gibt de facto eine Unmenge von Anhaltspunkten dafür, daß dynamische, phantasiebegabte und kreative junge Leute mehr Möglichkeiten haben, zu Geld zu kommen und erfolgreich ins Geschäftsleben einzusteigen, als jemals zuvor in unserer Geschichte. Unzählige aufgeweckte und risikofreudige junge Leute haben in den letzten Jahren mit ihren vielfältigen wirtschaftlichen Initiativen bewiesen, daß es ohne weiteres möglich ist, auch heute noch ein Vermögen zu machen.

Denn es ist heute nicht nur möglich, sondern sogar leichter als früher, reich zu werden!

Die Wirtschaftszeitung »Forbes!« beschreibt jeden Monat den beispiellosen Karriereweg von jungen und dynamischen Menschen, und die Schlagzeile »Von 0 auf 10 Millionen in nur 5 Jahren« zeigt uns deutlich, daß es auch heute noch möglich ist.

In der Tat ist unsere Gesellschaft derart rasanten Veränderungen unterworfen, daß man heute schon in wenigen Jahren das gleiche Vermögen machen kann, zu dessen Erwerb man früher einige Jahrzehnte gebraucht hätte.

Wußten Sie beispielsweise, daß das Kapital der renommierten Computerfirma »Apple« bereits sieben Jahre nach ihrer Gründung auf mehr als 1,7 Milliarden US-Dollar veranschlagt wurde und daß ihr Gründer und Generaldirektor – persönlicher Inhaber von sieben Millionen Aktien der Gesellschaft – Steven Paul Jops zu diesem Zeitpunkt gerade erst 27 Jahre alt war?

Dieser Mann ist ein Beweis dafür, daß man auch heute noch das ganz große Geld machen kann, und zwar in kürzester Zeit. Die Zahlen sprechen für sich. Man kann den Traum verwirklichen.

Warum sollte das für Sie nicht gelten?

# Warum nicht Sie?

Nennen Sie uns nur *einen* vernünftigen Grund, warum Sie nicht zu Geld kommen sollten! Zu genügend Geld!
Weil Sie vielleicht – selbst wenn Sie es nicht offen zugeben – insgeheim glauben ...

## Sie sind zu jung?

Um es in einer Anlehnung an einen berühmten Vers zu sagen: Dem Tüchtigen schlägt keine Stunde!
Das Beispiel des Generaldirektors von »Apple« hat uns gerade gezeigt, daß man auch vor dem 30. Lebensjahr mehrere Millionen ansammeln kann.
Oder nehmen Sie Steven Spielberg, den genialen Regisseur von »Der weiße Hai«. Er wurde mit 35 Jahren Milliardär. Beispiele für frühen Reichtum gibt es in Hülle und Fülle. Am jugendlichen Alter sollte es also nicht scheitern.
Das kann oft sogar von Vorteil sein. Ihren Mangel an Erfahrung können Sie durch Risikobereitschaft, Instinkt und Originalität leicht wettmachen.

## Sie sind zu alt, um reich zu werden?

Wissen Sie, in welchem Alter Ray Kroc, der Besitzer der McDonald's-Kette, damit begonnen hat, das große Geld zu machen?
Mit über 50 Jahren. Das mag überraschen. Aber eins ist sicher: Wenn er mit 45 Jahren aufgegeben hätte, seinem Traum nachzujagen, und den Glauben an seinen guten Stern verloren hätte, wäre er nicht nur nie bekannt, sondern auch nie reich geworden.
Sein Beispiel spricht für sich und sollte vor allem diejenigen

überzeugen, die glauben, daß die Chancen, erfolgreich zu sein, ab einem bestimmten Alter gleich Null sind. Leider halten sich auch noch verhältnismäßig junge Leute oft schon für zu alt, um Erfolg zu haben.

Sie sind der Meinung, daß es nur *einen* Zug gäbe und der inzwischen für sie abgefahren sei. Wenn sie von einem späten Erfolg hören, trauern sie nur ihren verpaßten Gelegenheiten nach.

In seinem Buch »Die Milliardäre« stellt Max Gunther einen interessanten Bezug zwischen Alter und Erfolg her, der für viele überraschend klingen mag.

»Im allgemeinen kann man feststellen, daß die Leute, die große Erfolge aufzuweisen haben, in der Regel Spätentwickler waren. Die Disposition zum Erfolg war sehr wahrscheinlich schon während der Schulzeit in ihnen vorhanden, doch sie konnte sich in der schulischen Atmosphäre nicht entfalten.

Sie waren, von Ausnahmen abgesehen, ruhige Kinder, wenn nicht sogar schlechte Schüler.

Erst in ihrem dritten Lebensjahrzehnt, also zwischen 20 und 30, lassen sie die Eigenschaften erkennen, die sie von den anderen abheben. Es gibt sogar welche, die bis zu ihrem 40. Lebensjahr vor sich hin schlummern.«

Dazu Zitate von Ray Krocs:

Beim Erfolg bleibt nichts dem Zufall überlassen.

Sehr oft folgt ein spektakulärer Erfolg einer Reihe von Niederlagen. Dies ist in den meisten Fällen so. Nur schenkt man den Niederlagen, die dem Erfolg vorausgehen, kaum Beachtung und vergißt sie schnell. So entsteht dann der falsche Eindruck, daß der Erfolg sich von heute auf morgen eingestellt hat.

Die Leute wundern sich, daß ich mit McDonald's erst mit 52 Jahren angefangen habe und daß ich von heute auf morgen erfolgreich war.

Für mich kam der Erfolg wie bei vielen Stars »über Nacht«, das stimmt, doch 30 Jahre der Vorbereitung waren eine sehr, sehr lange Nacht!

Deshalb behaupte ich: Nichts auf der Welt kann die Ausdauer ersetzen!

Denken Sie also niemals, Sie seien zu alt. Verhalten Sie sich nicht so, als läge Ihre Zukunft schon hinter Ihnen. Ganz gleich, wie alt Sie sind, selbst wenn Sie sehr alt sind:
Jeder neue Tag ist der erste Tag vom Rest Ihres Lebens!!

Und was mache ich aus diesem kostbaren Tag, der mir noch zu leben bleibt? Vor allen Dingen werde ich keinen Augenblick dieses Tages vergeuden, indem ich über das Unglück von gestern lamentiere:
Denn das Gute geht nicht aus dem Schlechten hervor!

Kann der Sand im Stundenglas wieder zurückrinnen?
Kann die Sonne aufgehen, wo sie untergeht?
Kann ich die Fehler von gestern ungeschehen machen?
Kann ich die Wunde von gestern verhindern?
Kann ich die bösen Worte, die gefallen sind, ungeschehen machen?
Kann ich so jung sein wie gestern?

*Nein! Gestern war gestern und ist für immer begraben. Ich werde nie mehr einen Gedanken daran verschwenden!*
*Ich werde diesen Tag leben, so, als sei es mein letzter!*


**Ihnen fehlt das nötige Kapital?**

Wie viele Leute haben diesen Einwand ins Feld geführt. Für viele, die ein Geschäft aufziehen wollen, scheint Kapitalmangel ein größeres Problem zu sein.
Und dennoch: Wußten Sie, daß die zehn reichsten Männer der Welt so gut wie keinen Pfennig in der Tasche hatten, als sie begannen? Das fehlende Geld war für diese Männer kein Hindernis. Einige von ihnen wie Conrad Hilton, der Besitzer der größten Hotelkette der Welt, hatten sich zwar ein

Startkapital – bei Hilton waren es 3000 Dollar – angespart, doch wer ist heutzutage nicht in der Lage, eine so lächerliche Summe zusammenzusparen?

*De facto hat das Beispiel von -zigtausend Millionären eindeutig bewiesen, daß Geld zu Anfang nicht ausschlaggebend war.*

Was zählt, ist eine gute Idee und die richtige Einstellung!

### Ihre Schulbildung reicht nicht aus?

Die meisten reichen Leute haben keine hohe Schulbildung, fast alle waren sogar ausgesprochen schlechte Schüler. Einige entwickelten gegenüber Schulen und Universitäten geradezu eine Abneigung. Tausende haben es mit einem sehr beschränkten Schulwissen geschafft, reich zu werden.
Sie waren im traditionellen Sinne keineswegs gebildet.
Aber in dem Bereich, in dem sie ihr Vermögen gemacht haben, kannten sie sich umfassend aus.
Neben dem Mangel an Schulbildung macht man oft auch fehlende Begabung oder mangelnde Intelligenz geltend. Gegen dieses Vorurteil muß man entschieden angehen!
Jedermann hat zumindest ein Talent, eine Leidenschaft, ein Hobby, das – richtig eingesetzt – Geld bringen kann!
Und was die Intelligenz anbetrifft, so begehen Sie niemals den Fehler, an Ihrer Intelligenz zu zweifeln. Das käme Sie teuer zu stehen. Sie nutzen Ihre Intelligenz nur nicht adäquat.
Jeder Mensch verfügt über ein beachtliches geistiges Potential, nutzt aber in der Regel nur einen Bruchteil davon.

*Die Leute, die es zu Geld gebracht haben, haben es gelernt, ihr geistiges Potential voll auszuschöpfen!*

21

In dem Buch »Was man an der Harvard-Business-Schule nicht lernt« erzählt Mark MacCormack folgende nicht nur amüsante, sondern auch sehr lehrreiche Anekdote, die dazu angetan ist, vielen Leuten ihre Komplexe zu nehmen:

»Sie kennen die Geschichte von den zwei Freunden, die sich zufällig auf der Straße begegnen, nachdem sie sich 25 Jahre lang aus den Augen verloren hatten. Der eine, der als erster promoviert hatte, war stellvertretender Direktor einer Bank. Der andere, dessen Intelligenz niemals Anlaß zu besonderer Bewunderung gegeben hatte, besaß eine eigene Firma und war vielfacher Millionär.

Als ihn sein Freund nach seinem Erfolgsgeheimnis fragt, antwortet der Millionär, daß das ganz einfach gewesen sei.

›Ich habe ein Produkt, das ich für zwei Dollar einkaufe und für fünf Dollar weiterverkaufe! Es ist ganz erstaunlich, was man mit einer Preissteigerung von drei Prozent alles verdienen kann!‹«

Aus dieser kleinen amüsanten Geschichte sollten Sie lernen: Seien Sie nicht neidisch auf irgendwelche Hochschuldiplome.

All dies kann ein gutes Urteilsvermögen oder einen gesunden Menschenverstand nicht ersetzen!

Der große Autoingenieur Honda schreibt in seiner Biographie:

»Mit einem Diplom kann man weniger anfangen als mit einer Kinokarte. Mit einer Kinokarte kann man wenigstens in einen Kinosaal eintreten und einen schönen Abend verbringen, aber mit einem Diplom ist man keinesfalls sicher, in das Leben eintreten zu können.«

Thomas Edison war ein schlechter Schüler. Sein Lehrer war absolut davon überzeugt, daß sein Schüler wenig intelligent sei. Trotzdem wurde Edison einer der größten Erfinder der Menschheit.

## Sie meinen, es bedarf eines angeborenen Talents, um reich zu werden?

Vielen Leuten fehlt es an der richtigen Einstellung. Sie reden sich ein, daß sie nicht das Zeug dazu hätten, aus ihrer Mittelmäßigkeit herauszutreten.

Sie rechtfertigen – und akzeptieren auch leider – ihre Erfolglosigkeit, indem sie einem weismachen wollen, daß sie eben unter einem unglücklichen Stern geboren seien, während andere dazu auserkoren seien, reich zu werden.

Die Armut scheint eine Tradition in ihrer Familie zu sein, um nicht zu sagen ein Erbgut, eine Eigenschaft also, die wie die Haarfarbe von einer Generation auf die andere übergeht. Der Vater war arm, also ist der Sohn auch arm. Das Bild, das sie von sich und ihrem Leben haben, ist nur von Pessimismus geprägt.

Trotzdem muß man feststellen, daß eine ganze Reihe von reichen Männern aus einer sehr armen Familie kommen.

Man denke nur an das Schicksal eines der reichsten Schauspieler der Welt: Charlie Chaplin, der in seiner Jugend völlig mittellos durch die Straßen von London irrte. Die Demütigungen der Armut sind oft ein starkes Antriebsmoment.

---

Die Fähigkeit, Geld zu machen, ist nicht angeboren. Man erwirbt sie sich. Man erlernt sie!

---

Der zu seiner Zeit reichste Mann der Welt, Jean Paul Getty, hat dies in seinem Buch »How to Be Successful« sehr anschaulich verdeutlicht.

»Verstehen Sie mich nicht falsch. Ich behaupte keineswegs, daß wir als Geschäftsleute geboren werden. Denn mein eigenes Beispiel und meine Erfahrungen zeigen mir, daß bei mir eher das Gegenteil der Fall ist. Alles spricht dafür, daß ich kein geborener Geschäftsmann war.

Ich habe mich in frühen Jahren weder durch besondere Ambitionen noch durch besondere Tatkraft ausgezeichnet.«

Man wird zugeben, daß dieses Geständnis aus dem Munde des einst reichsten Mannes der Welt irgendwie seltsam anmutet. Doch an seiner Aufrichtigkeit besteht kein Zweifel.

Die Lektion, die jeder daraus lernen kann: Wenn der reichste Mann der Welt gesteht, keinerlei Veranlagung dazu gehabt zu haben, das große Geld zu machen, dann sollte dieser anfängliche Mangel an Begabung auch für jeden anderen Zeitgenossen kein Hindernis sein.

Wenn ein Mann ohne jede Veranlagung es schaffte, ein derart großes Vermögen anzuhäufen, zu welchen Höhen müssen sich dann erst diejenigen aufschwingen können, die sich von vornherein dazu berufen fühlen?

**Es fehlt Ihnen an der nötigen Energie?**

Auch diese Entschuldigung wird oft vorgebracht. Ein trauriger Einwand, dem man auf den ersten Blick nichts entgegensetzen kann. Denn jede Tätigkeit, jedes Unternehmen verlangt zumindest ein Minimum an Energie, vor allem in psychischer Hinsicht.

Ein geringes Energiepotential bedeutet unweigerlich auch einen Mangel an Motivation. Man scheint sich in einem Teufelskreis zu bewegen, dem man nicht entrinnen kann.

Es genügt jedoch ein ganz kleiner Funke, eine Art Initialzündung, um den geistigen Sprengstoff, der in jedem von uns vorhanden ist, explodieren zu lassen.

Jeder Mensch verfügt über einen immensen Energievorrat. Nur liegt er bei manchen Menschen völlig brach. Es fehlt einfach ein Stimulans, um diese Kraftreserven zu mobilisieren.

Hierin liegt der einzige Unterschied zwischen den sogenannten Erfolgsmenschen, die das Geld gleichsam wie ein Magnet anziehen, und denen, die bei all ihren Unternehmungen scheitern bzw. nur bescheidene Erfolge aufzuweisen haben.

Wir werden Ihnen in diesem Buch helfen, den Schlüssel zur Vorratskammer dieser riesigen Energiequelle zu finden.

Denn: Wie schnell Sie wie reich werden, hängt direkt proportional von Ihrem Energieaufwand ab!

### Sie haben Angst vor dem Mißerfolg?

Von allen Ängsten ist wohl die Angst vor dem Mißerfolg eine der stärksten und leider auch am weitesten verbreiteten. Diese Angst lähmt jede Aktivität. Sie hat oft tiefere Wurzeln: frühere Mißerfolge, mangelndes Selbstwertgefühl, eine pessimistische Grundhaltung.

Diese Angst tritt nur manchmal offen zutage, meist ist man sich ihrer gar nicht bewußt. So wird sich der Betroffene seine Angst vor dem erfolglosen Bemühen, reich zu werden, auch nicht offen eingestehen. Er wird vielmehr darauf verweisen, daß man sich keinen Illusionen hingeben dürfe, daß nur Naive auf solche Albernheiten wie Bücher über das Reichwerden hereinfielen.

Solche durch Versagensängste gelähmten Leute sind in der Regel Weltmeister im Ausredenfinden. Sie würden zweifellos einen Bestseller landen, wenn sie ein Buch mit dem Titel »Wie finde ich eine gute Ausrede« schrieben.

Sie haben familiäre Verpflichtungen ... Sie haben keine Zeit ... Sie haben schon genug Probleme mit ihrer derzeitigen Stelle ... Wenn sie arbeitslos sind, glauben sie kaum daran, eine neue Stelle zu finden, denn es gibt ja Tausende Menschen, die auch keine Stelle finden, obwohl sie qualifizierter und erfahrener sind als sie ... Sie haben nie Glück ... Sie sind eindeutig unter einem unglücklichen Stern geboren ... Ja, wenn sie Beziehungen hätten, wenn der Chef sich für sie interessieren würde ... Wenn jemand ihnen beim Start unter die Arme greifen würde ... Wenn sie eine gute Idee hätten ... Wenn sie nicht so schon finanzielle Sorgen hätten ...

Diese Liste ließe sich praktisch endlos fortsetzen. Alles bedauernswerte Symptome einer Krankheit, die man scherzhaft als »Ausrederitis« bezeichnen könnte, eine verheerende Krankheit mit vielen Spielarten, hinter der sich nichts anderes als die Angst vor Mißerfolgen verbirgt. Haben auch Sie sich bei der einen oder anderen Ausrede wiedergefunden?

Dabei ist eins vollkommen sicher: Wenn Sie nichts unternehmen, riskieren Sie keinen Mißerfolg. Aber Sie haben auch keine Chance, den Erfolg kennenzulernen!

Denn der Erfolg kommt nicht von alleine wie ein Wunder über Nacht. Er ist immer das Ergebnis einer Aktion bzw. einer positiven Geisteshaltung.

Wußten Sie, daß alle reichen Männer nicht von Mißerfolgen oder Niederlagen verschont blieben? Wußten Sie, daß Thomas Edison 10 000 Anläufe nehmen mußte, bevor er endlich die Glühbirne erfand?

Oder wußten Sie, daß Abraham Lincoln 18mal scheiterte, bevor er Präsident der Vereinigten Staaten wurde?

Aus Niederlagen kann man lernen, zumindest dann, wenn man sie geistig entsprechend verarbeitet. Niederlagen gehören nun einmal zum Leben!

**Sie waren bisher erfolglos?**

Eine der Hauptursachen der so lähmenden Angst vor Mißerfolgen ist die Tatsache, daß der Betroffene mit all seinen bisherigen Initiativen Pech gehabt hat.

*Jeder neue Rückschlag verfestigt in ihm das Gefühl der Erfolglosigkeit und untergräbt mehr und mehr sein Selbstvertrauen.*

Solche Erfahrungen tragen in vielen Fällen dazu bei, aus ihm einen Verlierertyp zu machen.

Wenn Sie bisher erfolglos waren, stellt sich die Frage: Vielleicht weil Sie es in ihrem tiefsten Unterbewußtsein so wollten? Doch das Beruhigende auch an einer solchen Tatsache ist: Keine noch so negative Programmierung ist irreversibel. Wie negativ die Einstellung auch sein mag. Sie läßt sich umprogrammieren, und zwar schnell und komplett.

Diese Umprogrammierung ist absolut nötig, denn wenn Sie Ihren Geist nicht beherrschen, übernimmt ein anderer diese Aufgabe und beherrscht Sie.

Deshalb: Wenn Sie nicht über das Leben entscheiden, entscheidet das Leben über Sie. Das ist allein eine Sache der Geisteshaltung!

Bald werden Sie über die erforderlichen Mittel verfügen! Denn bei allem Elend in der Welt gibt es einen Kreis von wachen Menschen, die ihr Schicksal selbst in die Hand nehmen, dem Sie sich ab sofort anschließen. Und die Wahrheit ist, daß es nur an Ihnen liegt, sich diesem Kreis anzuschließen.

In gewisser Weise ist dieses Buch ein Aufnahmeantrag für die Mitgliedschaft in diesem Verein, dessen Mitglieder sich den Weg zu allen Reichtümern dieser Welt erschlossen haben.

Nachdem Sie nun gesehen haben, daß es wirklich keinen einzigen stichhaltigen Grund gibt, nicht erfolgreich zu sein, müssen Sie sich ein weiteres Grundprinzip für Ihren Erfolg vergegenwärtigen.

Auch dieses wird Ihnen auf den ersten Blick banal erscheinen, und vielleicht fragen Sie sich, warum, zum Teufel, wir uns mit solchen Lappalien abgeben. Doch warten Sie es ab. Urteilen Sie nicht vorschnell. Es geht um folgendes:

Ihre Lage wird sich so lange nicht bessern, solange Sie nichts unternehmen!

Die meisten Leute leben nach der mehr oder weniger magischen Devise, daß die Dinge schon ins Lot kommen werden, daß sich ihre finanziellen Probleme letztlich schon irgendwie lösen werden. Sie warten auf so etwas wie ein Wunder.

Vielleicht bekommen Sie, wenn der Chef gut gelaunt ist, eine fünf- oder zehnprozentige Gehaltserhöhung. Vielleicht wird Ihnen – hoffen Sie vage – auf einem Silbertablett der ideale Job angeboten, weil Sie arbeitslos sind.

Und was tun die Leute, wenn das Geld nicht reicht? Manche nehmen einen Kredit auf, was die Situation auch nicht besser macht. Im Gegenteil, sie sinken noch tiefer ab. Andere üben sich in Geduld und schnallen, wie man so schön sagt, den Gürtel enger.

Anstatt ihr Einkommen den Bedürfnissen anzupassen, passen sie ihre Bedürfnisse ihrem im allgemeinen recht dürftigen Einkommen an!

Nun, Sie werden bald begreifen, daß Sie den Spieß nicht nur umdrehen können, sondern ihn auch umdrehen müssen:

---

Die Bedürfnisse dürfen sich nicht nach dem Einkommen richten, sondern das Einkommen muß sich nach den Bedürfnissen richten!

---

Anstatt zu versuchen, die Welt ihren Wünschen gemäß hinzubiegen, stutzen die meisten Leute ihre Wünsche auf die »Beschränkungen der Welt« zurecht. Sie nehmen eine passive und abwartende Haltung ein. (Es wird schon noch ein Wunder geschehen.)

Der beste Beweis dafür ist die außerordentliche, ungebrochene Beliebtheit der Lotterien. Dabei ist die Wahrscheinlichkeit, einen Sechser im Lotto zu haben, kleiner als die, vom Blitz getroffen zu werden.

Ja wirklich: Es gibt in Europa mehr Leute, die durch Blitzschlag sterben, als Lottokönige.

Also vergessen Sie niemals: Ihre Situation und finanzielle Lage wird sich nicht von alleine wie durch ein Wunder ändern!

Ergreifen Sie deshalb die Initiative und ändern Sie Ihre Einstellung! Um seine finanzielle Situation zu verbessern, um sein Einkommen zu verdoppeln oder um Millionär zu werden ist eines unerläßlich:

Man muß sich eine Verbesserung von ganzem Herzen wünschen. Sie müssen von diesem Wunsch regelrecht besessen sein!

Wenn dieser Wunsch quasi zur Manie wird, übt er auf das Geld eine magische Anziehungskraft aus. Daher kann man folgende Gleichung aufstellen:

*Die Schnelligkeit, mit der sich der Erfolg einstellt, und die Größe des Erfolgs sind direkt proportional zur Intensität und zur Konstanz Ihres Wunsches!*

Napoleon hat gesagt: »Das, was man ständig heiß begehrt, bekommt man immer.« Er wußte, wovon er sprach. Im übrigen sind alle reichen Menschen Willensmenschen. Sie sind beseelt von dem Wunsch nach Erfolg. Der Erfolg wurde für sie zu einer Art fixen Idee, bis sie ihr Ziel erreicht hatten, ganz gleich, welche Hindernisse sich ihnen in den Weg stellten.

Viele Leute scheitern bei ihren Versuchen, zu Geld zu kommen, obwohl sie glauben, sich wirklich eine Verbesserung ihrer Verhältnisse zu wünschen. Das liegt daran, daß Wunsch nicht gleich Wunsch ist. Viele Leute wünschen sich etwas, möchten es gerne haben.

Doch ihre Haltung ist abwartend und passiv und mündet nicht in eine konkrete Aktion. Es genügt nicht, Däumchen zu drehen und ständig alles auf später – meist auf den St.-Nimmerleinstag – zu verschieben.

Ein richtiger Wunsch mündet immer in eine Aktion. Er überwindet alle Hindernisse und beflügelt geradezu die Aktivität. Wenn Sie also bis heute noch keinen Erfolg hatten, dann stellen Sie sich doch einfach mal die Frage, ob Sie nicht »passives Wünschen« mit »aktivem Wünschen« verwechseln.

Und machen Sie sich ein für allemal klar, daß es für eine Aktion nicht ausreicht, Freitag abends einige Kreuzchen auf einen Lottozettel zu machen!

Als ein Weiser einmal von einem Schüler gefragt wurde, was man tun müsse, um die Weisheit zu erlangen, führte er ihn an das Ufer eines Flusses und tauchte ihn mit dem Kopf unter Wasser.

Nach einigen Sekunden wurde der Schüler unruhig und begann sich zu wehren, denn er fürchtete zu ertrinken. Doch der Weise drückte den Kopf des Schülers weiter unter Wasser, wogegen jener sich immer heftiger wehrte. Schließlich ließ er den Schüler, kurz bevor er zu ertrinken drohte, los und fragte:

»Als du mit dem Kopf unter Wasser warst, was hast du dir da am sehnlichsten gewünscht?«

»Zu atmen«, antwortete der Schüler.

»Siehst du!« sagte der Weise, »so sehr mußt du dir die Weisheit wünschen!«

Genauso verhält es sich mit dem Reichtum, vor allem, wenn man sehr reich werden will.

Das Leben schenkt einem, was man sich ernsthaft von ihm wünscht!

Wenn Sie sich mit Mittelmäßigkeit zufriedengeben, dann wird Ihre Lage auch mittelmäßig bleiben.

Niemand wird Ihnen gnädig eine Million DM in den Schoß legen. Wenn Sie nur den vagen Wunsch hegen, sich geringfügig zu verbessern, werden Sie wenig, um nicht zu sagen gar nichts, erreichen.

Viele Millionäre hatten eine schwere Kindheit. Sie haben zum Teil stark unter der Armut gelitten und fühlten sich durch ihren sozialen Status gedemütigt. Ihr Wunsch, auszubrechen und niemals mehr unter Armut zu leiden, war so stark, daß er sie beflügelte, den höchsten Gipfel des Reichtums zu erreichen.

Die Unzufriedenheit und die Frustration dieser Menschen wurde in höchste Produktivität umgesetzt. Diese Chance steht auch Ihnen offen.

Übrigens, wenn Sie dieses Buch lesen, dann doch nur deshalb, weil Sie mit Ihrer jetzigen Situation nicht zufrieden sind. Das ist kein Grund, sich zu schämen. Im Gegenteil, in der Unzufriedenheit eines jeden Menschen liegt eine tief verwurzelte Würde. Nur dumme oder wahrhaft weise Menschen sind vollkommen glücklich.

Da wir jedoch nicht zu ihnen zählen, besteht absolut kein Grund, mit unserer Unzufriedenheit ängstlich hinter dem Berg zu halten.

*Es ist völlig legitim, eine bessere Zukunft anzustreben!*

Deshalb fassen wir für Sie die drei Grundvoraussetzungen für den Start in ein finanziell erfolgreiches Leben zusammen:

1. Der Glaube daran, reich werden zu können!
2. Das Bewußtsein, daß sich unsere Situation nicht wie durch ein Wunder ändern wird, wenn wir selbst nicht dazu beitragen!
3. Das heiße Verlangen nach einer Verbesserung der Situation!

Der Glaube versetzt Berge. Deshalb ist er eine Grundvoraussetzung für jeden Erfolg. Deshalb müssen Sie an Ihre Projekte glauben. Ohne den Glauben können Sie niemals die Schwierigkeiten überwinden, die es unvermeidlich zu überwinden gibt.

*Erfolgreiche Leute haben es gelernt, jeden Zweifel auszuschalten, und die Fähigkeit entwickelt, bedingungslos an ihren Erfolg zu glauben, ganz gleich, wie die Umwelt dazu steht!*

# Der Glaube gibt Kraft zum Denken

Zu allen Zeiten haben die Religionen die Menschheit dazu ermahnt, »Glauben zu haben«. Aber sie haben es immer versäumt, den Menschen auch zu sagen, wie man Glauben hat. Sie haben niemals gesagt, daß Glauben eine Geisteshaltung ist, die durch Autosuggestion entsteht:
Lassen Sie mich in allgemeinverständlicher Form die Methode erklären, welche den Glauben, wo er fehlt, zu erwecken vermag.

Haben Sie Vertrauen in sich selbst, in das Unendliche.
Der Glaube ist das »immerwährende Allheilmittel«, das Leben und Kraft gibt.
Der Glaube ist der Kristallisationspunkt jeder Ansammlung von Reichtum.
Der Glaube ist die Grundlage aller »Wunder und Geheimnisse«, welche wissenschaftliche Logik nicht erklären kann.

---

Der Glaube ist das einzige bekannte Mittel gegen den Mißerfolg!

---

# Kapitel 2

# Der Wille

# Der Anfang aller Verwirklichung

Alle Psychologen wissen es: Frustration ist eine hervorragende Motivation.

Henry Kaiser, der Sohn eines deutschen Schusters, wird 1882 in New York geboren. Als er 19 Jahre alt ist, fotografiert er Menschen und eröffnet einen Laden in Sprout Brook.

Dann, eines Tages, verliebt er sich in die junge Elizabeth Forsburg. Einige Zeit später bittet er ihren Onkel um ihre Hand.

Der Onkel lehnt dies entschieden ab mit der Begründung: »Sie sind viel zu jung und haben kein sicheres Einkommen. Wenn Sie 500 Dollar im Monat verdienen, 5000 auf der Bank haben und ein eigenes Haus, dann können wir wieder darüber reden.«

Noch am gleichen Tag macht sich Henry auf die Suche nach einem Job, bei dem er sehr schnell viel Geld verdienen kann.

Der entscheidende Tip kommt von seiner Verlobten: »Warum«, fragt sie, »machst du es nicht wie mein Großvater? Der hat viel Geld verdient, indem er Häuser baute.«

Henry sucht sich bereits am nächsten Tag einige Bauarbeiter, denen er überdurchschnittlichen Lohn verspricht. Er macht sie zu seinen Teilhabern. Von dieser Motivation getrieben, renovieren sie ein altes Haus, indem sie 18 Stunden am Tag arbeiten.

Nach einem Jahr wird das schön renovierte Haus mit großem Gewinn weiterverkauft, und Henry kann seine geliebte Elizabeth heiraten.

An diesem Beispiel sehen Sie, wie Frustration derartig motivierend wirkt, daß das Ziel, das zu Beginn unendlich fern schien, in relativ kurzer Zeit erreicht wird.

Auch in der heutigen Zeit wurde so manches Vermögen mit Immobilien gemacht, und die Renovierung von alten Häusern und der anschließende Wiederverkauf ist eine glänzende und überaus lohnende Geschäftsidee.

Wenden Sie folgende sechs Schritte an, um Ihre Wünsche in Gold zu verwandeln:

1. Bestimmen Sie genau die Menge Geldes, die sie sich wünschen. Legen Sie die genaue Summe fest, die Sie unbedingt brauchen.
2. Überlegen Sie, welche Gegenleistung Sie bereit sind, für diese Summe zu erbringen. Sie wissen: Alles im Leben hat seinen Preis.
3. Bestimmen Sie genau den Zeitpunkt, bis wann Sie das Geld in Händen haben müssen.
4. Stellen Sie einen genauen Plan auf, um Ihren Wunsch zu verwirklichen, und beginnen Sie sofort. Schieben Sie nichts auf, egal ob Sie sich bereits dafür gerüstet fühlen oder nicht.
5. Halten Sie alles schriftlich fest:
   die Summe,
   den genauen Zeitpunkt,
   den Plan,
   Ihre Opfer, die Sie bringen können.
6. Lesen Sie sich die Niederschrift zweimal täglich laut vor, morgens und abends. Fühlen Sie sich so, als hätten Sie das gewünschte Geld bereits in Händen, auch vor Ablauf Ihrer selbstgesetzten Frist.

Die genaue Befolgung dieser Anweisungen ist von ausschlaggebender Bedeutung. Durch das schriftliche Festhalten des Planes und die immer wieder laut gelesene Niederschrift geht diese in Ihr Unterbewußtsein ein und wird dort unwiderruflich verankert. Das Programm wird genau nach dem festgelegten Muster ablaufen, und Sie werden ein brennendes Verlangen verspüren, dieses Geld in Ihren Händen zu halten.

Jeder, der nicht an den Erfolg dieser Methode glaubt, dem sei gesagt, daß diese von Andrew Carnegie stammt, der sich mit ihrer Hilfe vom einfachen Stahlarbeiter zum Firmenchef mit einem Vermögen von mehr als 100 Millionen Dollar emporarbeitete.

Thomas Edison, der geniale Erfinder, hat nach sorgfältiger Prüfung dieser sechs Schritte festgestellt, daß sie nicht nur die sicherste Methode sind, um ein Vermögen zu erlangen, sondern um überhaupt jedes denkbare Ziel zu erreichen.

Diese sechs Schritte verlangen keine »harte Arbeit«. Sie können Sie für sich ganz allein anwenden und laufen keine Gefahr, sich lächerlich zu machen. Um sie anzuwenden, brauchen Sie keine besondere Ausbildung.

Deshalb denken Sie immer daran: Alle, die es zu großem Reichtum gebracht haben, haben vorher davon geträumt und ihn heiß begehrt.

---

Denn: Wer sein Verlangen nach Geld nicht bis zur Weißglut erhitzt und davon überzeugt ist, daß er es schafft, der wird niemals Reichtum erwerben!

---

# Die Kraft des Selbstvertrauens

Lesen Sie folgende Geschichte, wie die Kraft des Selbstvertrauens Wunder vollbringen kann!

Vor einigen Jahren ließ ein Arzt der Sportmedizin 100 Schwimmer Pillen schlucken.

Als Grund dafür gab er an, daß diese geheimnisvolle Kräuter enthielten, welche den Sportlern zu ganz besonderer Leistungssteigerung verhelfen sollten.

Und tatsächlich verbesserten sich die Leistungen von über 70 Sportlern ganz erstaunlich. Ihr Glaube und vor allem ihr Wille verhalfen ihnen zu größerem Selbstbewußtsein und zu besseren sportlichen Ergebnissen.

Erst später gab der Arzt zu, daß die Pillen nichts anderes als Zucker und Milchpulver enthielten. Der Placebo-Effekt war geboren und damit der Beweis, daß allein schon durch den Glauben ein besseres Resultat erzielt werden kann.

Alle, die im Leben erfolgreich sein wollen, müssen das unentbehrliche Vertrauen in das aufbauen, was sie am besten können. Das können wir nicht oft genug betonen.

*Selbstvertrauen ist Ihre beste Waffe zum Erfolg!*

Dadurch werden Sie auf erstaunliche Weise von Ihren Schwächen und Angstvorstellungen befreit.

Werden Sie sich Ihrer eigenen Hilfsmittel bewußt.

Entdecken Sie Ihre eigenen, manchmal verborgenen guten Eigenschaften.

Außerdem werden durch Ihr Selbstvertrauen tiefliegende Kräfte hervorgeholt, die in der Persönlichkeit schlummern und nun helfen können, alle Schwierigkeiten zu überwinden und besseren Tagen entgegenzuhoffen.

Versuchen Sie also nicht, sich dem Lebenskampf zu stellen, bevor Sie nicht kreatives Selbstvertrauen und dynamische Leistungskraft aufgebaut haben.

Und wichtig ist: Lehnen Sie alles ab, was Ihrem selbsternannten Ziel zuwiderläuft. Lassen Sie sich auf keinen Fall von diesen Schwierigkeiten hypnotisieren.

Niki Lauda, der erfolgreiche Rennfahrer und anschließend nicht minder erfolgreiche Geschäftsmann, hat einmal, als er mit seiner Fluglinie in finanziellen Schwierigkeiten war, gesagt:

»Man darf sich von Schwierigkeiten nicht hypnotisieren lassen. Man muß Problemen entgegentreten, bevor sie sich zu Bergen auftürmen. Denn wenn man dies nicht tut, scheinen diese unüberwindlich zu sein, und das zerstört Ihr ganzes Vertrauen und artet im schlimmsten Fall zu einer Zwangsvorstellung aus!«

---

Und so bitten wir Sie: Setzen Sie Ihre ganze persönliche Energie zur Behebung Ihrer Probleme ein (das tun sehr wenige Menschen, viel zu wenige).

---

Fassen Sie einen Entschluß. Jetzt sofort!

*Fassen Sie den Entschluß, daß Sie ab jetzt nichts mehr entmutigen kann!*

Sie werden sehen, wie Ihnen das helfen wird, in wenigen Tagen Hindernisse zu überwinden, von denen Sie bisher glaubten, daß sie riesengroß seien.

Durch diesen Entschluß werden Niederlagen unmöglich gemacht. Das ist eine Tatsache!

Sagen Sie niemals: »Ich kann nicht!« Überwinden Sie die Angst!

---

Denken Sie: »Ich kann alles schaffen!« Lassen Sie sich von keinem Minderwertigkeitskomplex unterkriegen!

---

Von jetzt ab werden Sie eine zuversichtliche Person.

Ein Zitat von Goethe sagt: Sie müssen entweder:

»erobern und befehlen« oder   »dienen und verlieren«
»leiden«                 oder   »siegen«
»Hammer«                 oder   »Amboß« sein!

*Sie selbst können das bestimmen!*

## Trauen Sie sich, Sie selbst zu sein

Reiche Leute werden gerne als strenge, konformistische
Personen mit traditionellen Wertmaßstäben hingestellt.
Meistens ist genau das Gegenteil der Fall. Reiche Männer
tragen zwar oft den obligatorischen dreiteiligen dunklen Anzug. Aber was sie von den anderen unterscheidet, spielt
sich auf der mentalen Ebene ab, es ist die Art ihres Han-
delns:

*Sie sind sie selbst.*

Im übrigen trägt zu der Originalität von reichen Menschen
bei, daß sie oft keine hohe Schulbildung haben.
Denn Schulen nivellieren das Denken, bremsen eher die
Originalität, als daß sie sie fördern, ganz gleich, welchen li-
beralen Anspruch sie erheben.
Konformistisches Denken klammert die Möglichkeit aus,
neue Wege zu gehen. Es sucht nicht nach anderen originel-
len Lösungen.
Im übrigen darf man wohl einige Zweifel an der Relevanz
und dem Nutzen eines Hochschulstudiums in bezug auf den
finanziellen Erfolg anmelden.
Hochkarätige akademische Bildung ist längst nicht mehr so
gefragt wie früher. In Japan gibt es so etwas wie Unterneh-
merschulen überhaupt nicht.
Und spricht man nicht trotzdem vom japanischen Wirt-
schaftswunder?
Damit Sie uns richtig verstehen: Wir negieren keinesfalls
den Wert der Schulbildung.

Im Gegenteil, die Entwicklung der Technik macht ein entsprechendes Studium unumgänglich. Nur spricht eben alles dafür, daß ein derartiges Studium zwar oft eine Voraussetzung, aber noch lange kein Garant für eine erfolgreiche Laufbahn ist.

Dazu bedarf es mehr. Es bedarf sozusagen eines zündenden Funkens, einer gewissen Verwegenheit und Lebendigkeit, Eigenschaften, die man in keiner Schule lernt, die dort eher verlorengehen.

Gesellschaft, Schule, Erziehung im allgemeinen, all das trägt zu einer Nivellierung der Individuen bei.

Eine leise, zaghafte und irritierende innere Stimme raunt dem einzelnen jedoch immer wieder zu, daß das Bild, das er nach außen hin vermittelt, nicht echt ist, daß seine wahre Persönlichkeit nicht zum Zug kommt, daß er sie verdrängt.

Frustration, Traurigkeit und manchmal das Gefühl einer innerlichen Leere sind die Folgen eines Verbrechens an sich selbst, dem leider viele Leute anheimfallen.

Wenn Sie Erfolg haben wollen, müssen Sie anders sein als die anderen.

Wagen Sie es, zu Ihrer wahren Persönlichkeit zu stehen. Vergessen Sie nicht, daß Sie einmalig sind. Sobald Sie sich konformieren, verleugnen Sie sich selbst.

Wiederholen Sie folgende Sätze:

Ich bekenne mich von Tag zu Tag mehr zu meiner wahren Persönlichkeit.

Ich bin ein einmaliges Wesen, und ich bin voll auf Erfolg und Reichtum gepolt.

Ich habe das Recht und die Pflicht, ich selbst zu werden. Mein Erfolg wird davon abhängen, inwieweit ich mich bejahe. Ich bejahe mich von Tag zu Tag mehr, und zwar in allen Lebensbereichen.

Mein Selbstwertgefühl steigt täglich um 100 Prozent und dementsprechend auch mein Erfolg.

# Der emotionale Anstoß

Der berühmteste Hotelier der Welt, Conrad Hilton, hat in seinem Buch als erstes geschrieben:
»Ich habe in meinem Leben nichts geschaffen, ohne Hilfe zu bekommen.«
Welches Ziel Sie auch immer erreichen wollen, zu welchem Ergebnis Sie gelangen wollen, immer brauchen Sie irgendeine Hilfe, und wenn es nur in geistiger Hinsicht ist. Warum? Aus zwei Gründen:

1. Weil ganz wenig geschaffen wird, was nicht aus der Zusammenarbeit von mehreren Intelligenzen entsteht. Weil diese Zusammenarbeit ein gegenseitiger Antrieb ist, bis das ersehnte Ziel erreicht ist.
2. Weil der natürliche Wankelmut der Menschen oft bewirkt, daß man gerade bei schwierigen Aufgaben, die länger dauern, vorher aufgibt, weil der Weg zum Erfolg einfach zu weit ist. Die Unterstützung von einem Gleichgesinnten ist notwendig, damit die Motivation nicht nachläßt.

Wir benötigen alle Unterstützung!
Kinder brauchen ihre Eltern und Lehrer, die Erziehung und Ausbildung fördern und sie zum Lernen anspornen. Sportler brauchen die Ratschläge ihrer Trainer. Künstler brauchen den Beifall ihrer Fans und den Antrieb ihrer Manager. Politiker brauchen ihre Berater.
Viele erfolgreiche Männer geben ehrlich zu, daß sie die geistige Unterstützung und die Motivation ihrer Ehefrau brauchen.
Als einmal »Red Adair«, der wohl berühmteste Feuerwehrmann, gefragt wurde, warum er in seinem Alter sich noch immer der gefährlichen Arbeit widme, brennende Ölquellen zu löschen, entgegnete dieser:
»Ich habe eine sehr teure Frau!«
Und so banal es klingen mag: Hinter vielen Erfolgen steht oft eine Ehefrau, die nichts zum Anziehen hat!

Die Notwendigkeit der Hilfe ist uns aber nicht bewußt. Wir suchen diese instinktiv. Wenn ein Kind etwas vollbracht hat, wird es dieses gleich seiner Umgebung zeigen, um das Lob der Eltern oder von anderen Bezugspersonen zu bekommen.
Lernen Sie folgende Sätze auswendig, und wiederholen Sie diese täglich:

Niemand auf der Welt kann mir die Freiheit schenken.
Niemand schenkt mir Geld oder Gerechtigkeit.
Ich bekomme nichts geschenkt!
Ich nehme mir, was mir zusteht!
Es gibt immer einen Platz auf der Welt für einen Menschen, der Kraft hat!

Hören Sie dazu ein Zitat von George Bernard Shaw: »Sie können nicht lernen, sich zu behaupten und Sie selbst zu sein, indem Sie Vorsichtsmaßnahmen ergreifen.«

*Sie müssen angreifen und sich verteidigen.*
*Sie haben nichts zu fürchten! Nichts!*

Wie immer Ihre Lage auch sein mag. Welche Schwierigkeiten Sie auch haben mögen. Welche Ziele Sie auch verfolgen wollen.
Fürchten Sie nichts und niemanden. Vor allem fürchten Sie weder Armut noch Krankheit, noch den Tod.
Ergeben Sie sich ganz und gar Gott und dem Schicksal in der Überzeugung, daß Ihnen die Zukunft gehören wird.

Denn darin liegt das Geheimnis! Das einzige Geheimnis! Im Vertrauen zu sich selbst!

Die Kraft liegt in Ihnen selbst:
Alles, was in diesem Buch erwähnt wird, beruht auf Tatsachen. Was auch Ihre Schwierigkeiten sein mögen, welcher Art auch Ihre ganz persönlichen Probleme sind, denken Sie immer daran, daß Sie in Ihrem Innersten die geistige Kraft haben, um Schwierigkeiten und Probleme zu lösen.

Aus dieser Erkenntnis heraus wurden viele Auszeichnungen wie Orden oder Urkunden geschaffen. Sie stellen materiell gesehen nur einen geringen Wert dar, sind aber als Motivation und Aufmunterung hervorragend geeignet, den Menschen anzuspornen und ihm zu sagen: »Mach' weiter so! Du bist auf dem richtigen Weg! Halte durch, bis das große Ziel erreicht ist!«

Schon in Kriegszeiten war der Orden bestens dazu geeignet, um aus tapferen Soldaten Helden zu machen, die die Anerkennung der gesamten Bevölkerung bekamen.

Und wer möchte nicht anerkannt und bewundert werden?

Der Erfolg ist von einem bestimmten Geisteszustand abhängig.

Und hier ist der Schlüssel zur Erreichung dieses Geisteszustandes: Es ist unbedingt nötig, daß es etwas gibt, das stärker ist als wir, das uns vorwärts treibt, das uns motiviert, bis wir unser Ziel erreicht haben.

# Das Gefühl beherrscht die Welt

Wenn Sie sich gut umschauen, werden Sie feststellen, wieviel Geschäfte auf Gefühle aufgebaut sind: das Theater, das Fernsehen, die Filmindustrie, Blumen, Schmuck, der gesamte Kunstbereich.
Und natürlich die Familie und die Religion!
Geld spielt eine große Rolle! Das stimmt schon, aber hinter all dem steht eine große Kraft, die alles auf ein Ziel zutreibt, das die Menschen im Unterbewußtsein haben.

Und hier sehen Sie die 14 stärksten Gefühle bzw. Antriebskräfte, die die gesamte Welt lenken:

1. Liebe
2. sehr innige Freundschaft
3. alle Arten von Angst
4. Drogen
5. Alkohol
6. Autosuggestion
7. akutes Leiden
8. Selbsterhaltungstrieb
9. geistige Übereinstimmung zwischen mehreren Menschen
10. Ehrgeiz in all seinen Formen: Geld, Macht
11. Musik
12. Rache
13. Zorn
14. Wunsch nach sexuellem Ausleben

Jede einzelne dieser 14 Ursachen, häufig sogar mehrere zusammen, bringt den Menschen dazu, Außerordentliches zu vollbringen.
Beachten Sie jedoch, daß einige von ihnen absolut zerstörerisch wirken, während andere überaus positiv stimulieren.
Hier lesen Sie eine Geschichte, wie die Macht der Gefühle zum absoluten Erfolg führt:

Im Jahre 1921 fand in den USA ein sehr bemerkenswerter Boxkampf statt. Die Gegner waren Jack Dempsey und Gene Tunney. Dempsey gewann diesen Kampf überlegen und wurde für fünf Jahre Weltmeister.

Dieses historische Match wurde von zwei Kämpfen, die in den Jahren 1926 und 1927 stattfanden, an Attraktivität bei weitem übertroffen. Beide Male waren es die gleichen Gegner, der gleiche Ring. Doch beide Male war es Gene Tunney, der diese Kämpfe haushoch gewann.

Wie kam dies? Wie kam es, daß ein 78 Kilogramm schwerer Mann ein Schwergewicht derart deutlich besiegte?

Die Lösung liegt fünf Jahre zurück im Verlauf des ersten Kampfes. Damals bezog Gene Tunney derartige Prügel, daß er fürchterlich zugerichtet wurde.

Bevor er jedoch ohnmächtig wurde und aus dem Boxring getragen wurde, stöhnte er noch hörbar: »Dafür will ich Revanche!«

Nach dieser Niederlage schwor sich Gene Tunney, daß er nie wieder eine Niederlage erleben würde. Er unterwarf sich einem ungeheuren, harten Training in physischer und psychischer Hinsicht.

Und so hielt er sein Wort: Er verlor nie wieder einen Kampf. Die Prügel, die er bei seinem ersten Kampf einstecken mußte, verhalfen ihm zu einer neuen Lebenseinstellung: »Nie wieder eine Niederlage!« Das Rachegefühl, das in unserer Auflistung den zwölften Platz einnimmt, verhalf ihm zum Weltmeistertitel.

Deshalb schwören auch Sie sich heute und sofort:

---

Ab sofort werde ich keine Niederlage mehr hinnehmen!

---

Wiederholen Sie diese Worte täglich. Immer wieder, so lange, bis Sie Ihr Unterbewußtsein umprogrammiert haben auf das Programm: Nie wieder eine Niederlage!

Sie werden sehen, daß allein durch diesen Entschluß Ihre augenblicklichen Probleme innerhalb sehr kurzer Zeit erledigt sind.

Sie sind am Steuer und der Kapitän Ihres Schicksals. Jeder Mensch ist seines Glückes Schmied, lautet die alte Weisheit, die jeder von uns schon xmal gehört und doch nie richtig verstanden hat.

Häufig passiert es, daß jemand uns zur Seite steht, um uns zu helfen. Häufig bekommen wir eine kleine Hilfestellung, so daß wir den Mut nicht verlieren und weitermachen.

Aber denken Sie immer daran: Helfen müssen wir uns immer selbst. Die eigentliche Aktivität muß von uns selbst kommen. Alles im Leben hat seinen Preis!

---

Denn: Es steht nichts geschrieben im Buch unseres Schicksals! Wir schreiben es selbst!

---

Egal in welchem Bereich man den Erfolg sucht, Opfer müssen immer gebracht werden. Nur ein Wunsch, der wirklich brennend ist, reicht aus, eine dauerhafte Begeisterung aufrechtzuerhalten. Sie müssen im Laufe der Jahre – täglich, nicht nur hin und wieder – die beherrschende Idee vor Augen haben und wirklich von ihr besessen sein. Immer und immer wieder müssen Sie sich die Verwirklichung vorstellen. Ständig nach neuen Wegen suchen, um Ihre Begeisterung wachzuhalten.

---

Alexis de Tocqueville sagte einmal: »Man kommt nicht voran, wenn man den Teufel nicht im Leib hat. Wenn man nicht den brennenden Wunsch hat, den Willen bis zur Erreichung des Ziels wachzuhalten!«

---

Wenden wir uns also nun der Erforschung des Unterbewußtseins zu, in dem die Quelle allen Reichtums zu suchen ist, und dies nicht nur in geistiger, sondern auch in materieller Hinsicht:

Denn dort, und nur dort, ist der geheime »Geldtresor« versteckt, den aufzuschließen Sie bald lernen werden, um sich nach Belieben zu bedienen!

# Kapitel 3

# Der unermeßliche Reichtum in unserem Inneren

# Die Kraft des Unterbewußtseins

Daß jeder seines Glückes (bzw. Unglückes) Schmied ist, wissen wir inzwischen. Jeder, der nur ein bißchen Ahnung von den Gesetzen des menschlichen Geistes hat, wird dies nicht in Frage stellen.

Unsere Auswahl unter den reichsten Männern der Welt hat folgendes deutlich gemacht:

*Jeder einzelne hat in höchstem Maße sein Unterbewußtsein eingesetzt, um diese schwindelerregenden Reichtümer anzusammeln!*

Denn die richtige Nutzung des Unterbewußtseins ist letztendlich der Schlüssel zum Erfolg.

Warum? Weil die Möglichkeiten, Geld zu machen, so vielfältig sind, daß es nicht darum gehen kann, irgendein ausgeklügeltes System als Sprungbrett zum Erfolg anzubieten. Es gibt nicht *das Patentrezept*. Das wäre zu einfach! Was es jedoch gibt, und das belegen die eindrucksvollen Erfolge unzähliger Leute, ist: *eine entsprechende innere Einstellung!*

Es gibt mehrere Bücher über das Erfolgsgeheimnis in den verschiedensten Bereichen der Wirtschaft: im Aktienbereich, im Immobilienbereich, im Finanzbereich. Alle diese Bücher geben wertvolle Tips.

Doch alle diese Ratschläge, so präzise sie auch sein mögen, bleiben im Allgemeinen stecken. Das läßt sich nicht vermeiden. Alles andere wäre töricht oder schlichtweg unseriös.

In keinem Handbuch, und mag es auch noch so didaktisch sein, werden Sie einen Hinweis darauf finden, ob Sie nun die oder eine andere Stelle annehmen sollen, ob sich der Kauf dieses oder jenes Grundstückes für Sie empfiehlt, ob Sie sich auf das eine oder andere Geschäft einlassen sollen.

Jeder Fall ist anders gelagert. Und dazu kommt noch etwas anderes. Selbst wenn Ihre Voranalysen absolut gründlich sind, gibt es bei jedem Projekt einen Unsicherheitsfaktor.

*Jede Analyse hat ihre Schwächen, sie hat meist keinen end-gültigen Charakter!*

Das soll nicht heißen, daß Analysen überflüssig sind. Ganz im Gegenteil. Improvisation und Hast sind im allgemeinen schlechte Ratgeber.

*Aber es kommt stets der Punkt, an dem Sie erkennen wer-den, daß auch die beste Analyse ihre Grenzen hat.*

Und genau dann braucht man das, was erfolgreiche Leute einen »guten Riecher« nennen. Hinter diesem sogenannten »guten Riecher« steht nur eines:

---

Positives Denken bzw. ein positiv programmiertes Unterbe-wußtsein! Da genau liegt der Unterschied zwischen einem erfolgreichen und einem erfolglosen Menschen.

---

## Was versteht man unter diesem Unterbewußtsein?

Der Begriff Unterbewußtsein ist wohl jedem von uns mehr oder weniger vertraut. Daß es ein Unterbewußtsein gibt, wird inzwischen von allen Wissenschaftlern anerkannt.
Die Wissenschaft hat festgestellt, daß sich der menschliche Geist in zwei Teile teilt, nämlich einen bewußten und einen unbewußten Teil, den wir Unterbewußtsein nennen.
Um die relative Gewichtung dieser beiden Teile zu veran-schaulichen, bedient man sich gerne eines Bildes. Man ver-gleicht sie mit einem Eisberg, wobei das Bewußtsein über dem Wasser zu sehen ist.
Der weit größere Teil, nämlich das Unterbewußtsein, liegt unsichtbar unter der Wasseroberfläche.
Das Unterbewußtsein spielt in unserem Leben eine absolut große Rolle, was viele Menschen nicht wissen.

Es ist der Sitz unserer Komplexe, unserer gesamten Persönlichkeitsstruktur.

Ob man es nun glaubt oder nicht: Fest steht, daß es nicht etwa die äußeren Umstände sind, sondern daß vielmehr das Unterbewußtsein dafür verantwortlich ist, ob ein Mensch reich oder arm ist.

Das Unterbewußtsein läßt sich mit einem Rechner vergleichen. Er ist so oder so programmiert und führt blind und absolut unfehlbar das Programm aus, das man ihm eingegeben hat.

*Ebenso ist der einzelne Mensch programmiert, ob er es weiß oder nicht, und die meisten Menschen sind negativ programmiert!*

Die Macht des Unterbewußtseins ist aber ungeheuer groß, und so kommt es, daß jemand, der negativ programmiert ist, niemals zu Erfolg und Wohlstand gelangen kann.

**Wie entsteht ein Programm im Unterbewußtsein?**

Solange eine Person mit den Gesetzen des Geistes und des Unterbewußtseins nicht vertraut ist, geschieht die Programmierung unbewußt.

Die Programme entstehen schon sehr früh, und zwar während der Kindheit, in einem Alter also, in dem die Kritikfähigkeit des Menschen noch sehr wenig entwickelt ist und demzufolge eine große Aufnahmebereitschaft für alle äußeren Einflüsse besteht.

Diese Einflüsse kommen zunächst von den Eltern bzw. den Erziehern. Sie graben sich in den Geist des jungen Menschen ein wie in weiches Wachs. So kann ein einziger Satz das Leben eines jungen Menschen zerstören.

Er kann rein zufällig und ohne jede böse Absicht gesprochen worden sein.

Sie wollen Beispiele? Es gibt Tausende:

Eine pessimistische und von ihrer eigenen mißlichen Lage

zermürbte Mutter sagt beispielsweise zu ihrem Kind: »Du wirst es in deinem Leben nie zu etwas bringen.« Oder: »Du wirst ein Versager wie dein Vater.«

Diese Sätze werden sich tief in das Unterbewußtsein des Kindes eingraben. Sie bilden eine Art Programm. Alle Kräfte des Unterbewußtseins, das mit einer quasi unbegrenzten Macht ausgestattet ist, werden sich nun darauf konzentrieren, dieses Programm zu erfüllen.

Das Tragische an dieser Geschichte, für die es unzählige Beispiele gibt, ist, daß die entsprechende Person ihr ganzes Leben verbringen kann, ohne sich dessen bewußt zu sein, daß sie ein Opfer dieser unseligen Programmierung ist.

---

Einige Worte verändern ein ganzes Leben, denn Worte besitzen eine erstaunliche Macht!

---

Das Leben jedes Menschen wimmelt nur so von Beispielen:

    eine Liebeserklärung,
    eine schlechte Nachricht,
    Glückwünsche,
    ein Lob.

Immer wieder Worte und Sätze, die uns in eine ganz bestimmte Richtung hin beeinflussen.

Und das Unglaublichste daran ist, daß diese Worte etwas suggerieren, was nicht einmal wahr sein muß. Wenn das Bewußtsein sie akzeptiert, zeigen sie trotzdem ihre Wirkung.

So beglückwünscht Sie Ihr Chef vielleicht zu einer Arbeitsleistung, obwohl er eigentlich nicht ganz zufrieden ist und weiß, daß Sie die Arbeit hätten noch besser machen können. Aber er weiß, daß Sie gerade private Probleme haben, und will Sie mit einer Kritik nicht zusätzlich belasten.

Seine Glückwünsche, die gar nicht ernst gemeint waren, werden Sie jedoch ungemein anspornen. Sie geben Ihnen Auftrieb. Das ist nur ein Beispiel von vielen für die Kraft der Worte.

# Erfolg zieht Erfolg an!

Den Beweis für die Richtigkeit dieses Satzes zeigt ein Test mit 20 Personen, die alle die gleichen Aufgaben in einer schriftlichen Prüfung bekamen.

Die erzielten Noten waren jedoch geschummelt. Die eine Hälfte der Probanden erfuhr, daß sie mit sieben richtigen Antworten ein gutes Ergebnis erzielt hatten, während man den übrigen mitteilte, daß sie mit sieben falschen Antworten versagt hatten.

Dann stellte man allen Teilnehmern andere, auch gleichlautende Aufgaben. Diejenigen, denen man beim ersten Test Erfolg bescheinigt hatte, machten diesmal ihre Sache besser als vorher, während die anderen schlechter abschnitten.

Das einfache Wissen darum, daß man erfolgreich war, wirkt sich offensichtlich positiv auf das Durchhaltevermögen und die Motivation aus.

Das Ergebnis solcher Versuchsreihen stimmt nachdenklich. Denn das, was mit den Ergebnissen verfälscht und beeinflußt wurde, war das Unterbewußtsein der Testpersonen.

Diese Beeinflussung sorgte im einen Fall für eine spürbare sofortige Verbesserung und in dem anderen Fall für eine spektakuläre Verschlechterung des Leistungsvermögens.

Umgesetzt auf das Geschäftsleben heißt dies, daß erfolgreiche Unternehmen nur dadurch Spitzenpositionen einnehmen, weil sie Leute mit außergewöhnlichen *Leistungen* beschäftigen. Das bedeutet, daß es die vorrangige Aufgabe von Führungskräften ist, die Mitarbeiter immer wieder zu motivieren und zum Erfolg anzuspornen. Nur so, mit motivierten Mitarbeitern, kann sich eine Firma im heutzutage immer härteren Wettbewerb behaupten. Erfolg haben die Firmen, die ganz gewöhnliche Leute zu außergewöhnlichen Leistungen bringen.

Und so sind wir verblüfft, wenn ganz gewöhnliche Leute, die über keine besonders auffallenden Fähigkeiten verfügen, es zu spektakulärem Reichtum und Wohlstand bringen.

## Das Geheimnis ist ein richtig gelenktes Unterbewußtsein!

Da Sie nun gesehen haben, wie man Menschen programmieren kann, müssen Sie auch wissen, daß der Programmierer, der am meisten Einfluß auf Ihr Leben hat, Sie selbst sind.

Deshalb zeigen wir Ihnen hier einige Beispiele von Programmen (Einstellungen), die Sie sich *niemals* und *auf gar keinen Fall* einreden sollten.

> Das geht nicht gut.
> Ich bin immer müde.
> Ich habe niemals Erfolg.
> Ich bekomme nie eine Stelle.
> Ich werde niemals reich.
> Ich bin nicht begabt genug.
> ...

Diese Liste läßt sich endlos fortsetzen. Solche negativen Phrasen programmieren Ihr Unterbewußtsein negativ, und sie wirken sich katastrophal auf Ihr Leben aus, wenn Sie auch noch davon überzeugt sind.

Deshalb müssen diese Gedanken aus Ihrem Vokabular verschwinden, ein für allemal. Auf der Stelle.

Leicht gesagt, aber wie?

## Es ist niemals zu spät, um zu Geld zu kommen!

Das wissen wir bereits aus dem vorherigen Kapitel. Und so sei Ihnen gesagt, falls Sie die oben aufgeführten Sätze ebenfalls in Ihrem Gehirn gespeichert haben, daß *kein Programm irreversibel* ist!

So wie man bei einem Rechner das Programm ändern kann, so kann man auch seine Persönlichkeit ändern. Experimente mit zahlreichen Versuchspersonen haben gezeigt, daß dazu ca. 30 Tage genügen.

Wie entwickelt man sich aber zu einem Menschen, der den Erfolg magisch anzieht? Den ersten Schritt macht man mit einer einfachen Formel, die von dem französischen Apotheker Emile

Coue entwickelt wurde. Sie verhalf Millionen von Menschen auf erstaunlich simple Weise zu einem neuen Lebensgefühl:

---

Es geht mir von Tag zu Tag in jeder Hinsicht besser!

---

Diese einfache Formel müssen sie ca. 20mal am Tag mit monotoner Stimme morgens und abends wiederholen.

Die Wiederholung ist sozusagen die goldene Regel der Autosuggestion. Dadurch tritt eine Änderung des Unterbewußtseins auf, die mit dem Inhalt des Wiederholten übereinstimmt.

Auf diese Weise wird ein neues Programm aufgebaut und damit auch eine neue Persönlichkeit. Das Positive verdrängt das Negative.

Begeisterungsfähigkeit, Mut und Entschlossenheit gewinnen an Raum. Lassen Sie sich nicht durch die augenscheinliche Einfachheit der Methode irritieren.

Denken Sie daran, daß Ihr Negativprogramm nicht mehr und nicht weniger ist als ein lebender Organismus, dem es in erster Linie ums Überleben geht. Durch die Anwendung einer solchen Methode sieht er sich in seiner Existenz bedroht. Daher entsteht dann auch die Skepsis und der wiederum negative Gedanke: Positives Denken ist doch verlorene Liebesmüh'! Darauf falle ich nicht herein!

---

Mir geht es von Tag zu Tag in jeder Hinsicht besser!

---

Hier zeigen wir Ihnen ein paar Grundeigenschaften reicher und erfolgreicher Männer:

| | |
|---|---|
| Ausdauer | Zuversicht |
| Begeisterungsfähigkeit | Phantasie |
| Tatkraft | Arbeitswille |
| Risikobereitschaft | Optimismus |
| Intuition | Gewandtheit |
| Überzeugungskraft | Einfallsreichtum |
| Führungswille | Zuverlässigkeit |
| Unerschrockenheit | |

Suchen Sie sich die Eigenschaft aus, die bei Ihnen am wenigsten ausgeprägt ist. Arbeiten Sie an dieser Schwäche. Indem Sie Ihre größte Schwäche überwinden, gewinnen Sie am meisten an Stärke.

Wenn Sie z. B. wissen, daß fehlende Ausdauer Ihre größte Schwäche ist, verwenden Sie die Formel:

---

Ich werde von Tag zu Tag in jeder Hinsicht ausdauernder! Nichts auf der Welt kann die Ausdauer ersetzen!

---

Auf diese Weise finden Sie Ihre eigenen Suggestivformeln. Wählen Sie einfache Worte. Schreiben Sie Ihre Formeln auf. Die schriftliche Fixierung bringt mehr, als Sie glauben.

Indem man sich schriftlich ausdrückt, gewinnt der Gedanke an Kraft. Er wird konkret faßbar. Damit beginnt Ihre Aktivität.

Verlieren Sie Ihre Formeln niemals aus den Augen. Lesen Sie sie immer wieder durch. Dadurch werden sie bald ein Teil Ihres Lebens sein, ein Teil Ihrer Persönlichkeit.

Formulieren Sie Ihre Formeln immer positiv. Sagen Sie niemals: »Ich bin nicht mehr arm.« Sagen Sie statt dessen: »Ich werde reich!«

Eine besonders starke Variante einer Formel lautet:

---

Es geht mir von Tag zu Tag in jeder Hinsicht besser, und ich werde auf allen Gebieten erfolgreicher!

---

Die Kombination der Worte »Erfolg« und »Reichtum« versinnbildlicht das augenblicklich angestrebte Ziel. Allein der Einfluß dieser beiden Worte wird Ihnen im Überfluß all das bescheren, was Sie brauchen, und Ihre verrücktesten Träume Wirklichkeit werden lassen.

Die Erfahrungen aller reichen Männer haben gezeigt, daß ein Mensch, der bereit ist, wirklich seine Zukunft auf eine Karte zu setzen, um ans Ziel seiner Wünsche zu kommen, auch mit Sicherheit gewinnen wird.

Alle reichen Männer der Erde haben sich mit Leib und Seele ihrem Lebenswerk verschrieben und waren von einem Erfolgswillen getragen, der seinesgleichen sucht.

Haben Sie den Mut, es ihnen gleichzutun! Haben Sie keine Angst, auf die geheimen Wünsche Ihres Lebens zu hören, und beginnen Sie gleich heute mit Ihrer Umprogrammierung.

Schon in diesem Kapitel steckt genug Zündstoff, um Ihr Leben zu ändern, um aus Ihnen einen reichen Mann oder eine reiche Frau zu machen.

Doch denken Sie daran:

*Niemand kann es Ihnen abnehmen, reich zu werden. Niemand kann die Formeln für Sie wiederholen. Das müssen Sie selbst machen!*
*Schreiten Sie also zur Tat, tun Sie den ersten Schritt! Sofort!*
*Die einzige Grenze, die den Menschen aufhalten kann, ist seine mentale Grenze!*

Halten Sie einen Moment inne, um über dieses Prinzip nachzudenken. Diese kurze Meditation könnte Ihnen den Weg in ein völlig neues Leben öffnen.

Nehmen Sie sich doch einen Moment Zeit für eine kleine Selbstanalyse. Welches Bild haben Sie von sich selbst? Glauben Sie, Sie könnten Ihr Gehalt in diesem Jahr auf das Doppelte steigern? Nein?

Seien Sie unbesorgt, Sie werden recht behalten: Sie werden Ihr Gehalt in einem Jahr nicht verdoppeln. Denn ohne Ihr Wissen hat sich diese Überzeugung in Ihr Unterbewußtsein eingeschrieben. Sie haben Ihrem Unterbewußtsein eine Art von Befehl gegeben, zugegeben einen negativen Befehl, aber eben doch einen Befehl.

Sie haben Ihrem Unterbewußtsein eine Grenze, ein Marschziel gesetzt, das es nun ansteuert. Es wird alles tun, um sein Programm zu erfüllen.

Hätten Sie dem Unterbewußtsein den absoluten Befehl gegeben, das Einkommen zu verdoppeln, wäre die Grenze eine andere gewesen. Das heißt: Ihr Unterbewußtsein wird bei einer Programmierung auf Mißerfolg genauso gefordert wie bei einer Programmierung auf Erfolg:

*Die Zielsetzung eines Menschen ist von dem Bild, das er von sich hat, abhängig!*

Am Anfang werden Sie vielleicht sagen: Ich will mein Einkommen um 10.000 DM erhöhen!

Das ist absolut legitim und auch absolut möglich. Und das bedeutet wahrscheinlich auch eine spürbare Verbesserung Ihres Lebensstandards. Aber warum beschränken Sie sich auf 10.000 DM?

Der Grund liegt auf der Hand: Weil das Bild, das Sie von sich selbst haben, dem einer Person entspricht, die sich nicht vorstellen kann, pro Jahr mehr als 10.000 DM zuzulegen!

Es liegt uns fern, dieses Ziel von 10.000 DM zu belächeln. Sie hätten auch 5000 oder 100.000 wählen können. Die Zahl ist absolut unwichtig! Entscheidend ist das Prinzip.

Wissen Sie, wieviel Steven Spielberg im Jahre 1982, als sein Erfolgsfilm »E. T.« auf die Leinwand kam, *täglich* verdient hat?

Eine Million Dollar pro Tag! Ja, eine Million Dollar am Tag!

---

Es ist also für Sie genauso schwer, erfolglos wie erfolgreich zu sein!

---

*Jeder Aufstieg, jede Vermögenssteigerung beginnt also mit der Ausweitung, besser noch mit der Sprengung Ihres mentalen Bildes.*

Mit dem neuen Bild bekommen Sie: ein neues Ziel
Mit einem neuen Ziel: ein neues Leben

---

Alle Reichen haben sich schon als Reiche gesehen, bevor sie reich wurden!

---

Legen Sie sich ein neues Selbstbild zu, es ist so einfach.

Benutzen Sie die Methode der Autosuggestion, so wie wir es Ihnen gezeigt haben.
Setzen Sie sich ein finanzielles Ziel, legen Sie die Summe genau fest. Setzen Sie die Frist genau fest, bis wann Sie die Summe in Ihren Händen haben wollen:

Wiederholen Sie täglich Ihre Formeln:

> Ich werde von Tag zu Tag reicher.
> Ich finde den idealen Arbeitsplatz, der all meinen Bedürfnissen gerecht wird.
> Das Leben schickt mir die Leute über den Weg, die für mein finanzielles Fortkommen wichtig sind.
> Ich finde die Idee, die ich brauche, um mein Einkommen in einem Jahr zu verdoppeln.
> Meine Fähigkeiten erlauben es mir, mein Einkommen zu verdoppeln.
> Ich halte durch, bis ich Erfolg habe.
> Es fällt mir leicht, alle Ziele zu erreichen, die ich mir gesetzt habe.
> Ich finde die Stelle, wo sich meine Fähigkeiten und Talente optimal entfalten können.

Wenn diese Formeln nicht ganz genau auf Ihre jetzige Lage passen, so stellen Sie für sich neue auf. Tun Sie sich keinen Zwang an. Sie verfügen über ein immenses Potential. Nutzen Sie es.
Die Leute, die reich geworden sind, unterscheiden sich nicht grundlegend von Ihnen.

*Die mentale Grenze, die sie sich gesetzt haben, ist einfach nur eine andere!*

Ray Kroc hat einmal gesagt:
> »Nehmen Sie sich Großes vor, dann werden Sie auch groß! ... Ich war stets davon überzeugt, daß jeder Mensch seines eigenen Glückes Schmied ist.
> Und auch für seine eigenen Probleme verantwortlich ist!«

# Nur keine Hemmungen gegenüber Geld!

Beim Aufbau Ihres neuen Persönlichkeitsbildes heißt es erst einmal Großreinemachen. Es gilt Widerstände und Hemmungen zu überwinden.

Mit am weitesten verbreitet ist der innere Widerstand, der in der Vorstellung wurzelt: »Geld ist schmutzig.«

So heißt es, daß es unmoralisch sei, sich bereichern zu wollen, daß die Leute, die sich hocharbeiten wollen, nur an das Materielle dächten.

Man muß dazu sagen, daß die zur Schau getragene Aversion gegen Geld oft heuchlerisch ist. Man verteufelt die Reichen, und gleichzeitig beneidet man sie insgeheim. Ein anderer Widerstand, den es in diesem Zusammenhang zu überwinden gilt, besteht bei Leuten, die aus bescheidenen Verhältnissen kommen, oftmals in der Furcht, ihre Herkunft und ihre Eltern zu verleugnen.

Aber auch wenn Sie aus armen Verhältnissen kommen, denken Sie immer daran: »Armut ist nicht erblich.«

Ganz gleich, wie man dazu steht, und selbst wenn das für manchen schockierend klingen mag. Im Grunde genommen ist *Armut eine mentale Krankheit.*

Das ist in gewisser Weise tröstlich. Wenn Armut eine Krankheit ist, kann man sie auch heilen. Man kann auf jeden Fall da herauskommen.

---

Es gibt keine Situation, keine äußeren Umstände, keine Zwänge, über die der Geist nicht triumphieren kann!

---

Wer sich das bewußt macht, ist auch in der Lage, sein Schicksal zu meistern und sein zukünftiges Leben seinen Wünschen und Neigungen entsprechend zu gestalten.

Wer dieses fundamentale Gesetz begriffen hat und es auf sein Leben anwendet, der wird das werden, was er in seinem Innersten zu sein wünscht.

## Die richtige Einstellung zu Geld

Die Ansicht, daß Geld schmutzig ist oder daß man mit einem sozialen Aufstieg sein Elternhaus verleugnet, kann verheerende Folgen haben.

Denn wenn man einmal das zufällig erworbene Geld, das man in der Lotterie gewinnen kann, außer Betracht läßt, ist ehrlich erworbenes Geld nichts anderes als eine Anerkennung für erbrachte Leistungen.

Ein reicher Mann ist also ein Mann, der für andere eine Leistung erbracht hat und dafür seinen gerechten Lohn erhält.

Das ist der Punkt, den die meisten Menschen vergessen, wenn sie so abfällig über Geld sprechen.

Sicher, Henry Ford, der bedeutendste Autobauer, hat Millionen gescheffelt und ist sogar Milliardär geworden. Doch welche Dienste hat er der Menschheit erwiesen? Dank seiner Genialität und Entschlossenheit hat dieser Mann, ohne richtige Ausbildung, die Menschheit um einen Riesenschritt nach vorne gebracht.

Können Sie sich das moderne Leben ohne Auto vorstellen? Sicherlich nicht. Darüber hinaus hat Ford Millionen Arbeitsplätze geschaffen.

Sein Vermögen ist nichts weiter als ein Ausdruck der Anerkennung seiner Verdienste, die gerechte Entlohnung seiner vollbrachten Leistungen.

Ein Grundbedürfnis der Menschen herausfinden und dies auf billigere Weise befriedigen als alle anderen. Auf diese Weise haben viele Leute ihr Vermögen gemacht.

Nehmen Sie Walt Disney! Er hat das Leben von Millionen von Kindern bunter und glücklicher gemacht.

Oder T. J. Watson, den Gründer der IBM. Ihm ist die Kommerzialisierung der Computer und PC zu verdanken. Unsere ganze Gesellschaft hat sich damit verändert. Was wäre das Leben heute ohne Computer.

Nehmen Sie Rubik mit seinem Zauberwürfel. Er ist aufgrund einer einzigen Idee Millionär geworden. In Null Komma nichts und ohne übermäßige Anstrengung. Und was für einen Dienst hat er der Menschheit erwiesen: Er hat sie unterhalten und die kleinen grauen Zellen von Millionen Menschen in Aktion gesetzt. Und wieviel Tantiemen hat Ihrer Meinung nach der Erfinder von Monopoly mit seiner Spielidee eingestrichen?

Es ist übrigens kein Zufall, daß es über Jahrhunderte hinweg immer die reichsten Länder waren, die auch über den höchsten kulturellen und wissenschaftlichen Stand verfügten. Die Vorteile des Geldes sind immens. Befreien Sie sich also von dem Gedanken, Geld sei schmutzig.

# Der Weg zu absolutem Reichtum

Zum Abschluß dieses Kapitels wollen wir Ihnen noch einmal zeigen, wie die Autosuggestion, auf deutsch Selbsthypnose, über Ihr Leben entscheidet.

Der Begriff Autosuggestion schließt alle Beeinflussungen und Reize ein, die den menschlichen Geist über die fünf Sinne erreichen. Autosuggestion ist nichts anderes als Selbstbeeinflussung. Dieser geistige Vorgang spielt die Rolle eines Vermittlers zwischen dem Teil des Gehirns, der das bewußte Denken steuert, und jenem, der die unterbewußten Reaktionen bestimmt.

Die Gedanken und Vorstellungen, von denen wir unser Denken und Fühlen absichtlich beherrschen lassen (gleichgültig, ob sie positiver oder negativer Art sind), schaffen mit Hilfe der Autosuggestion die Möglichkeit, das Unterbewußtsein jederzeit im gewünschten Sinne zu beeinflussen.

Die Natur hat die Entscheidung, welche sinnlichen Eindrücke dem Unterbewußtsein zugeleitet werden sollen, ausschließlich in unsere Hand gelegt.

Das bedeutet selbstverständlich nicht, daß sich der Mensch dieser Kontrollfunktion auch immer bedient.

Alle jene, die ihr Leben in Armut fristen, liefern dafür den deutlichen Beweis.

Wir können das Unterbewußtsein mit einem Stück fruchtbaren Boden vergleichen, auf dem nur dann Unkraut wild wuchern kann, wenn wir keine Blumen oder Nutzpflanzen aussäen. Das Prinzip der Autosuggestion stellt jeden von uns vor die Wahl, entweder das Unterbewußtsein mit schöpferischen, fruchtbaren Gedanken zu sättigen oder aber im fruchtbaren Garten des Geistes destruktive Vorstellungen wuchern zu lassen.

Die Aufforderung, den schriftlich niedergelegten Wunsch nach Geld täglich mehrmals laut und in der fest im Gefühl verankerten Überzeugung zu lesen, leitet im Bewußtsein absoluten Vertrauens den Wunsch direkt an das Unterbewußtsein weiter.

Durch oftmalige Wiederholung des Vorganges entwickeln sich ganz von selbst Denkgewohnheiten, die sich förderlich auf alle Ihre Bemühungen auswirken, den heißen Wunsch nach Geld in bare Münze zu verwandeln.

Berücksichtigen Sie deshalb bei der regelmäßigen lauten Lektüre Ihres Verlangens nach Geld, daß bloßes Lesen sinn- und wirkungslos wäre!

Sie müssen dabei unbedingt etwas denken und fühlen, denn Ihr Unterbewußtsein reagiert nur auf stark gefühlsbetonte Gedanken.

Gedanken- und gefühllos heruntergeleierte Worte haben keinen Einfluß auf das Unterbewußtsein. Sie wirken wie der gedankenlos heruntergebetete Rosenkranz in der Kirche.

Befriedigende Ergebnisse erzielen Sie nur, wenn Sie lernen, die Sprache des Unterbewußtseins zu sprechen, das heißt, wenn Sie Ihre Sätze mit Zuversicht und Gefühl erfüllen.

Werden Sie aber nicht mutlos, falls es Ihnen nicht schon beim ersten Mal gelingt, die erforderliche Stimmung in sich entstehen zu lassen. Jede Fertigkeit erfordert eine gewisse Übung. Nur Mogeln ist bei dieser Technik völlig ausgeschlossen, jeder Versuch würde auf einen sinnlosen Selbstbetrug hinauslaufen.

Der Preis, den Sie für die Beherrschung Ihres Unterbewußtseins zahlen müssen, ist die ständige und unermüdliche Anwendung der hier beschriebenen Grundsätze. Diesen Preis können Sie nicht drücken. Sie müssen ganz allein entscheiden, ob der erstrebte Reichtum Ihnen diese Anstrengung wert ist.

Wenn Sie im vorherigen Kapitel gelesen haben, daß Sie den Betrag, den Sie sich wünschen, festsetzen sollen, so tun Sie dies zuerst mit geschlossenen Augen.

Tun Sie es so lange, bis Sie die betreffende Summe, sei es in Banknoten oder Schecks, in greifbarer Form erblicken.

Tun Sie dies mehrmals täglich und mit festem Glauben. Das Unterbewußtsein hört und befolgt jede Anweisung, die ihm mit Bestimmtheit und Zuversicht gegeben wird. Um Ihre Zwecke zu erreichen, dürfen Sie Ihrem Unterbewußtsein gegenüber auch getrost einen kleinen Trick anwenden.

---

Überzeugen Sie es einfach, daß Sie den genannten Betrag unbedingt brauchen!

---

Ihr Unterbewußtsein wird Ihnen durch diesen Zwang den gangbaren Weg zu diesem Geld zeigen.

---

Werden Sie der Herr über Ihr eigenes Schicksal mit Hilfe der Autosuggestion!

---

# Kapitel 4

# Die Ausdauer

# Wieder von vorne anfangen, immer wieder von vorne

Einer der bekanntesten US-Präsidenten hat einmal folgende Zeilen geschrieben.

Nichts auf dieser Welt kann die Ausdauer ersetzen! Mit ihr wurden bisher schon immer die Probleme der Menschheit gelöst!

| | |
|---|---|
| Talent | kann die Ausdauer nicht ersetzen. Es gibt so viele Erfolglose, die Talent haben. |
| Genialität | kann die Ausdauer nicht ersetzen. Das verkannte Genie ist beinahe schon sprichwörtlich. |
| Ausbildung und Erziehung | können die Ausdauer nicht ersetzen. Die Welt ist voll von Müßiggängern, die beides genossen haben. |
| Ausdauer und Entschlossenheit | sind für sich allein allmächtig. |

## Welchen Preis sind Sie bereit zu zahlen?

Alles im Leben hat seinen Preis, das wissen wir bereits. Er ist eine unabdingbare Voraussetzung für den Erfolg.
Eine neue Aufgabe zu beginnen bedeutet immer, Mut zu haben. Aber nur mit Ausdauer können wir diese Aufgabe zu einem guten Ende bringen. Nur mit Ausdauer kann man ans Ziel gelangen, und dazu bedarf es eines festen Charakters. Wenn große Erfindungen gemacht werden, die das Leben der Menschen revolutionieren, vergessen wir immer eines. Sie »fallen« meist denen zu, die vorher mit Ausdauer danach gesucht haben.

*Die Geschichte von Charles Goodyear*

1820 erfährt ein junger Mann aus Philadelphia, der gerade 20 Jahre alt war, daß die Europäer es fertiggebracht hatten, Stoffe mit Gummi wasserdicht zu machen.

Er hört aber auch, daß die Kleidung, die man so behandelt, den Nachteil aufweist, im Winter brüchig zu werden. Im Sommer dagegen wird sie teilweise klebrig. Er macht sich daran, dieses Problem zu untersuchen.

Jahrelang mischt er Kautschukmasse mit allem, was ihm unter die Finger kommt. Das einzige Ergebnis ist, daß er dabei seine Ersparnisse und die seiner Freunde verliert.

Erst nach zehn Jahren hat er den ersten Erfolg: Er fügt Kalk, Leim und Salpetersäure seinem Gemisch bei. Damit gelingt es ihm, die Masse wärmebeständig zu machen. Und dank dieser Entdeckung kann er sich das Geld beschaffen, um eine Fabrik zu eröffnen.

Die Fabrik geht sofort pleite, weil die Geldgeber die Opfer der großen Wirtschaftskrise werden.

Goodyear beginnt wieder bei Null. Er hat eine fixe Idee: Er will aus dem Kautschuk ein unentbehrliches Produkt machen. Wieder bittet er um ein Darlehen, muß es sich fast Dollar um Dollar erbetteln. Während dieser Zeit arbeitet seine Frau als Wäscherin, damit sie leben können. Es vergehen Jahre. Zusammen mit seinem Freund Hayward setzt er seine Untersuchungen fort. Aber der schlechte Geruch des Gummis belästigt die Nachbarn, und er muß zweimal umziehen.

Und während dieser Umzüge will es der Zufall, dieser Zufall, der nur vorkommt, wenn man etwas sucht, daß er etwas entdeckt, was ihm vorher entgangen ist.

Ein Schmelztiegel, gefüllt mit geschmolzenem Schwefel, fällt auf ein Stück Gummi, und der Gummi verändert sich. Goodyear ahnt, daß er auf etwas Wichtiges gestoßen ist.

Nach einigen weiteren Versuchen erhält er eine schwarze Masse, die wie Horn ist. Es ist Ebonit – Hartgummi. Und es genügt, diese Masse intensiv zu erhitzen, um Industriegummi zu erhalten.

Wir schreiben nun das Jahr 1839, und es sind fast 20 Jahre der Anstrengung vergangen, seit Charles Goodyear mit seiner Arbeit begonnen hat. Und leider kommt sein Verfahren – die Vulkanisierung – zu früh. Alle diejenigen, die einmal die Grundlage für die unglaubliche Entwicklung des Gummis bilden werden – also Bell, Dunlop, Michelin, Daimler und Ford –, sind noch nicht geboren.

Goodyear aber erdrücken die Schulden, seine Lungen sind von den giftigen Dämpfen angegriffen. Er muß den Schmuck seiner Frau verkaufen, um seine Erfindung auf der Weltausstellung in Paris zeigen zu können, und dann stirbt er.

Aber welch ein Beispiel für Zähigkeit und Ausdauer gibt er uns!

Hätten Sie gedacht, daß unsere Autoreifen, über die wir nicht einmal einen Gedanken verschwenden, eine solche Geschichte haben?

## Strohfeuer hält nur kurz vor

Die Fähigkeit, sich zu konzentrieren, durchzuhalten, den Geist nicht abschweifen zu lassen, keine Ablenkung zu erlauben, ist es, die Menschen erlaubt hat, unerwartete Höhen zu erreichen, obwohl sie eher schwach ausgeprägte Talente hatten und von Genialität weit entfernt waren.

Die Schwierigkeit, sich auf eine Arbeit zu konzentrieren, wird kleiner, je interessierter wir an der Aufgabe beziehungsweise ihrem Resultat sind.

Je fesselnder die Aufgabe, desto konzentrierter arbeiten wir natürlich, und desto weniger Anstrengung kostet uns die Konzentration.

Die Motivation kann verschiedene Ursachen haben. Sie kann daher kommen, daß wir ein Vergnügen vergrößern möchten, etwas Unangenehmes unterdrücken, einen Schmerz vermindern, vor allem aber einen Lieblingsplan – das große Ziel – verwirklichen wollen.

## Der Erfinder der Polaroid-Kamera

Edwin Land brauchte zehn Jahre konzentrierte Anstrengung, bis das »Sofortbildverfahren« geboren war.

Mit seinem ersten voluminösen Apparat stellte er sich stolz bei dem Fotoriesen Kodak vor – und wird prompt ausgelacht. Viele andere hätten jetzt aufgegeben.

Doch Edwin Land macht sich ohne lang zu zögern an die Arbeit, um die noch bestehenden Nachteile seines Verfahrens zu verbessern. Er verkleinert sowohl die Ausmaße als auch das Gewicht seines Apparates und kommt somit auch zu einem niedrigeren Preis.

Er wurde zum reichsten Wissenschaftler der Welt.

Nachdem sich nun der Erfolg seiner Polaroid-Kamera einstellt, geht der Fotoriese Kodak gegen ihn vor. Die Anzahl der Prozesse zwischen Polaroid und Kodak zeigt, was der Marktführer in einer Branche alles zu tun versucht, um einen jungen und aufstrebenden Konkurrenten niederzukämpfen.

Edwin Land, auch bei diesem Kampf ein Muster an Ausdauer, gewinnt die Prozesse. Seine Polaroid-Kameras, eine absolute Weltneuheit, werden ihm buchstäblich aus der Hand gerissen. Er verdient mehrere Milliarden Dollar.

## Abraham Lincoln, Expräsident der USA

Abraham Lincoln war der Sohn eines Schreiners, der des Lesens und Schreibens unkundig war. Er scheitert zuerst in seiner politischen Laufbahn und wendet sich normalen Geschäften zu.

Auch bei diesen ist er nicht erfolgreich und zahlt 17 Jahre an den aufgelaufenen Schulden seiner Fehlspekulationen. Kurz vor der Hochzeit stirbt seine Verlobte.

Mit 46 Jahren kehrt er wieder in die Politik zurück. Wiederum verliert er – zwei Jahre später – den Kampf um die Vizepräsidentschaft.

50 Jahre seines Lebens wurde ihm der Erfolg immer verwehrt. Wie wir wissen, wurde er nur 56 Jahre alt. Aber seine Ausdauer bescherte den Amerikanern sechs Jahre lang einen großen Präsidenten.

Wieder von vorne anfangen – immer wieder von vorne anfangen!

Dieser Satz ist der wichtigste in diesem Kapitel und so wichtig, daß Sie ihn am Tag mehrmals laut lesen sollten. Er kann
ab morgen Ihr ganzes Leben verändern und Niederlagen
ihre Bedeutung nehmen.
Ein junger Eislaufstar wurde einmal nach dem Geheimnis
seiner meisterlichen Kunst gefragt:
»Es ist eigentlich ganz einfach«, sagte er. »Ich mußte nur
immer wieder aufstehen, wenn ich hinfiel, und dann wieder
von vorne anfangen.«
Und in der Tat ist dies ebenfalls ein Schlüsselrezept für den
Erfolg:

*Wieder von vorne anfangen – immer wieder von vorne an-
fangen!*

Nichts ist so einfach, wie es scheint, besonders am Anfang.
Andererseits sollte man nichts für unmöglich halten, bloß
weil der erste Versuch schiefgeht – auch der nächste und
der übernächste können zum Mißerfolg werden, deswegen
darf man noch lange nicht aufgeben.
Als in einem Gespräch der 33jährige Michael Polizia, der zur
Zeit als erfolgreichster IBM-Händler Deutschlands gilt, gefragt wird, wie er in jungen Jahren bereits ein solches Vermögen erlangt hat, antwortet er:
> »Erfolg macht Spaß! Die meisten Leute geben zu schnell,
> viel zu schnell auf. Mich stachelt Widerstand erst an, da
> kommt Fun auf.
> Für Geld alleine könnte ich nicht arbeiten. Erst wenn ich
> Spaß habe, bin ich gut. Wenn ich gut bin, habe ich Erfolg.
> Und dann kommt auch irgendwann Geld rein. So und
> nicht anders ist die richtige Reihenfolge.«

Süchtig nach Spaß, geil auf Adrenalin, entschlossen zum Sieg,
bescheiden im Lebensstil: das sind die Antworten, wenn man
25- bis 35jährige Millionäre nach ihrem Erfolgsrezept fragt.

75

Das ist die Antwort auf die Frage, warum sie wie ein Turbo durch die Karriere brausen, für die viele andere 40 Jahre lang brauchen – und oft trotzdem nicht ankommen.

Dies ist der kleine Unterschied und der Stoff, aus dem heutzutage die jungen Millionäre sind. Sie haben keineswegs mehr graue Zellen als wir, treiben nicht weniger Sex, sie leben auch nicht von trocken Brot.

Oft liegt der Erfolg ganz nahe. Wenn der Erfolg, der sich nun einstellen sollte, es noch nicht tut, dann denken Sie daran, daß er schon fast da ist, gleichsam ganz in der Nähe.

Sie können ihn fast schon mit den Händen berühren. Eine weitere – oft nur kleine Anstrengung – kann einen Mißerfolg in einen glänzenden Sieg verwandeln.

Und wenn Sie diesen Sieg erreicht haben, werden Sie sich an den Satz zurückerinnern: »Nichts ist unmöglich.«

Kennen Sie Korezak Ziolkowski? Nein? Dann sei Ihnen gesagt, daß dieser 73jährige Amerikaner in Süddakota allein die kolossale Statue des legendären Sioux-Häuptlings »Crazy Horse« in 30jährigem Kampf aus dem Fels gehauen hat.

Das Standbild ist 171 Meter hoch und ca. 20 Millionen Dollar wert. Zu seiner Spitze gelangt man über eine Treppe, die aus 741 Stufen besteht. Korezak Ziolkowski hat sie selbst gefertigt, indem er auf seinen Schultern die dafür notwendigen 30 000 Kilo Holz trug. Wissen Sie nun, was Ausdauer heißt?

Das Wollen ist wichtig. Es ist der Anfang jeder Leistung, aber das Wollen ohne Ausdauer wird Auswahl genannt.

*Kennen Sie die Geschichte des Japaners Mikimoto?*

Mikimotos Leidenschaft waren Perlen. Er war so von ihnen fasziniert, daß er Stunden vor den Auslagen der Juweliergeschäfte stand, um Perlen zu bewundern.

Er beginnt, sich mit der Geschichte der Perlen zu befassen, und lernt dabei, daß die Chinesen herausfanden, unter welchen Umständen die Austern mehr und schönere Perlen hervorbringen.

Mikimoto beschließt, das Geheimnis zu lüften, und erfährt, daß manchmal ein winziges Sandkorn in das Innere einer Auster gelangt, die daraufhin säurehaltigen Kalk absondert, der sich um das Sandkorn legt. Mit der Zeit bildet sich eine Perle. Ein Wunder der Natur.

Mikimoto verläßt mit seiner Familie die Stadt und zieht an die Küste. Seine ganzen Ersparnisse legt er in den Kauf von 10 000 Austern an. Er öffnet sie ein wenig und legt eine Schuppe hinein und bringt sie ins Wasser zurück.

Nach drei Monaten öffnet er einige und überprüft, ob sich bereits Perlen gebildet haben. Es hat sich nichts getan.

Er unternimmt neue Versuche. Er steckt kleinste Mengen von Paraffin in die Austern, versucht es mit Glas und sogar mit Kupfer. Und dann wartet er und hofft.

Ein Jahr lang – nichts!
Zwei Jahre – nichts!

Am Anfang des dritten Jahres werden seine Gläubiger ungeduldig. Er belügt sie, erklärt ihnen, daß er kurz vor dem Ziel steht, erhält Aufschub.

Dann passiert etwas Schreckliches: Nur kurze Zeit, nachdem er Aufschub bekommen hat, kommt ein gewaltiger Sturm und wühlt das Meer auf, dort, wo seine Austern liegen. Fast alle Austern sind zerstört, nur in einem Winkel der Lagune wird ein Rest gerettet. 200 Stück leben noch. Er öffnet eine von ihnen und findet eine wunderschöne Perle.

Diese Perle ist echt, und Mikimoto wird im Laufe der Jahre der bekannteste Perlenzüchter der Welt.

---

Wieder sehen Sie den Beweis dafür, daß Ausdauer, Wille und unermüdliche Charakterstärke unweigerlich zum Erfolg führen.

---

*Das Wesentliche ist, immer wieder von vorne ans Werk zu gehen.*

Es gibt keinen Wissenschaftler, keinen Künstler, keinen Politiker, keinen Geschäftsmann, der nicht einmal im Laufe seines Lebens plötzlich am Rande des Abgrundes stand. Sie haben sich alle erst einmal überlegt, was zu tun sei, und dann:

*Wieder von vorne angefangen! Kein Mißerfolg ist endgültig!*

Ralph Bunche, Staatssekretär der Vereinten Nationen und erster Schwarzer, der den Nobelpreis erhielt, erzählt, daß er in einer Frühlingsnacht mit seiner Mutter in New Mexico zusammensaß:
Seine Mutter, die krebskrank war, sagte zu ihrem Sohn: »Ralph, weißt du, Gott hat uns Schicksalsschläge gegeben, um uns zu prüfen. Aber er hat uns auch Waffen gegeben, die uns helfen:
    unsere Hoffnung,
    unser Glaube,
    unsere Träume.
Kein Mißerfolg ist endgültig, wenn wir es nicht zulassen. Geben wir jedoch auf, dann sind wir verloren. Nicht wahr, mein Sohn, du läßt dich nie unterkriegen. Laß dir nie die Hoffnung nehmen, verliere nie den Glauben und auch nie deine Träume.«
Es passiert jedem Menschen, daß er in seinem Leben einen Schicksalsschlag bekommt, der ihn belastet. Die meisten ertragen es und machen weiter. Einige schaffen es nicht.
Wenige kämpfen wirklich und machen sich selbst einen Rückschlag zum Vorteil.

# Verzagen Sie nie

Jedem von uns kommt es mal so vor, daß der Weg einfach zu weit ist, die Welt ungerecht, daß das Glück sich abgewendet hat, der Traum zu lange braucht, um Wirklichkeit zu werden. Geben Sie dennoch nie auf! Verzagen Sie nie!

Überwinden Sie  die Katastrophen,
die (Rück)Schläge,
das Unglück

und denken Sie daran: Andere haben ähnliches erlitten und sich wieder aufgerichtet, haben sich nicht unterkriegen lassen und sind auch wieder glücklich geworden.

Vergleichen Sie einmal die Schicksale von berühmten Menschen mit dem Ihren:

Beethoven wurde mit 32 Jahren taub. Das hat ihn nicht daran gehindert, weiter zu komponieren.

Nobel war als Kind immer krank und schwach. Das hat ihn nicht daran gehindert, einer der bedeutendsten Wissenschaftler zu werden.

Renoir mußten aufgrund seiner Arthritis die Hände an den Pinsel gebunden werden. Doch was für Kunstwerke schuf er trotzdem.

Euler: Als der große Mathematiker erfuhr, daß er bald blind sein würde, sagte er: »Nun, dann werde ich von meiner Arbeit weniger abgelenkt.«

Wenn Sie solche Schicksale sehen und mit dem Ihren vergleichen, denken Sie immer an die Mutter von Ralph Bunche, die ihrem Sohn erklärte: »Gib nie auf. Laß dich nicht unterkriegen.«
Wer den Wert der Ausdauer erkennt, ist auch fähig, etwaige Rückschläge als vorübergehende Unterbrechungen auf

dem Weg zum Erfolg zu betrachten. Solche Menschen sind von dem brennenden Verlangen erfüllt, das schließlich jede Niederlage in einen Sieg verwandelt.

Wer die Welt und das Leben betrachtet, muß oft erschüttert mit ansehen, wie sich die Mehrzahl der Menschen von einem Schicksalsschlag niemals wieder ganz erholt.

Nur sehr gering ist die Anzahl derer, die jeden Rückschlag nur als Ansporn zu noch größerem Bemühen sehen. Was aber den Augen des Beobachters verborgen bleibt, das ist jene geheime unwiderstehliche Macht, die allen jenen zu Hilfe kommt, die selbst in einer hoffnungslosen Lage noch weiterkämpfen.

Die Gesetze der Ausdauer:

| | |
|---|---|
| 1. Zielstrebigkeit: | Genaue Kenntnis des Ziels ist eine der ersten Voraussetzungen für unerschütterliche Ausdauer. |
| 2. Heißes Begehren: | Ausdauer stellt sich um so leichter ein, je mehr uns das Herz drängt, ein bestimmtes Ziel zu erreichen. |
| 3. Selbstvertrauen: | Unerschütterliches Vertrauen in die eigene Kraft und die Fähigkeit, den einmal gefaßten Plan auch ausführen zu können, spornen zu Ausdauer an. |
| 4. Klare Planung: | Sorgfältig ausgearbeitete Pläne vermehren unsere Ausdauer, selbst wenn der eine oder andere Fehlschlag einsetzt. |
| 5. Exakte Kenntnisse: | Wer weiß, daß sich seine Pläne auf exakte Kenntnisse stützen, wird sich niemals entmutigen lassen. |
| 6. Zusammenarbeit: | Unterstützung und Verständnis anderer sowie die harmonische Zusammenarbeit mit Gleichgesinnten erweisen sich immer als mächtige Stützen der Ausdauer. |

| | |
|---|---|
| 7. Willenskraft: | Die ständige Konzentration auf ein bestimmtes Ziel stärkt den Willen und fördert die Beharrlichkeit. |
| 8. Gewohnheit: | Schließlich ist die Ausdauer ganz einfach eine Sache der Gewohnheit. So wird z. B. die Furcht, eines der ärgsten Übel der Menschheit, nur durch immer wiederkehrende Mutproben bekämpft. |

Und nun zeigen wir Ihnen die gefährlichsten Feinde Ihres Erfolgs:
Prüfen Sie kritisch, ob die eine oder andere Charakterschwäche auch für Sie zutrifft. Sollte dies der Fall sein, müssen Sie diese Schwäche mit aller Kraft bekämpfen und überwinden.

1. Das Unvermögen, sich ein klares Ziel zu setzen.
2. Die Neigung, notwendige Schritte und Entscheidungen hinauszuschieben.
3. Die Gewohnheit, lieber nach neuen Ausflüchten zu suchen, statt einen klaren Plan auszuarbeiten.
4. Selbstzufriedenheit und kein Bedürfnis, irgend etwas zu verbessern.
5. Gleichgültigkeit, kein Bestreben, irgendeine Sache energisch anzugehen.
6. Die Gewohnheit, immer anderen die Fehler in die Schuhe zu schieben.
7. Bloßes Träumen anstelle von aktivierter Willenskraft.
8. Der Versuch, schnell und mühelos reich zu werden, durch Glücksspiel oder gar Kriminalität, d. h. ohne eine Gegenleistung zu bringen.
9. Die Gewohnheit, sich mit der Armut abzufinden, statt nach Reichtum zu streben.
10. Furcht vor Kritik.

Den Punkt »Furcht vor Kritik« wollen wir etwas näher beleuchten.

Die meisten Menschen lassen sich durch die Meinung von Freunden und Bekannten so sehr beeinflussen, daß sie nicht mehr imstande sind, ihr eigenes Leben zu leben.

Sie ziehen es vor, ein unglückliches Leben an der Seite eines ungeeigneten und ständig nörgelnden Ehepartners zu verbringen, anstatt ohne Rücksicht auf die Meinung ihrer Umwelt einen Schlußstrich zu ziehen.

Wer selbst eine unglückliche und zermürbende Ehe mitgemacht hat, weiß, welcher nicht wiedergutzumachende Schaden hier angerichtet wird.

Unzählige Menschen – Männer und Frauen, jung und alt – sehen untätig zu, wie sich Freunde oder Verwandte aus einem mißverstandenen Pflichtgefühl zugrunde richten, anstatt ihr Leben nach eigenem Ermessen zu gestalten.

Viele gehen einem geschäftlichen Risiko nur deshalb aus dem Weg, weil sie im Fall eines Mißerfolges die Kritik der anderen fürchten.

Zu viele Menschen setzen sich auch kein hohes Ziel und wollen keine steile Karriere anstreben, weil ihre Freunde und Verwandten ebenfalls nicht besonders erfolgreich sind und ihnen immer wieder einreden: »Schuster, bleib bei deinem Leisten!«

Die Befürchtungen, die einem bei einem großen Projekt mit langer Entwicklungsphase immer wieder durch den Kopf gehen, sind folgende:

Unmöglich, das ist nicht zu schaffen.
Die Aufgabe übersteigt meine Kräfte.
Die Leute werden mich für verrückt halten. (Und sie tun es auch.)
Diese Aufgabe hat bestimmt schon ein anderer vor mir gelöst.

Wenn Sie solchen Gedanken nachgeben, geht es Ihnen wie Millionen anderen Menschen. Denn die meisten guten Ideen sterben schon kurz nach ihrer Geburt wieder, weil man ihnen nicht durch klare und feste Pläne richtige Lebenskraft eingibt. Fast alle Ideen von schwachen Menschen verkümmern aus Furcht vor Kritik.

Viele Menschen glauben, daß materieller Erfolg eine Sache des Glücks ist. Wer aber immer nur auf seine Chance wartet, erlebt eine Enttäuschung. Er vergißt nämlich, daß man sich seine Chancen »schaffen« muß.

Beharrlichkeit stärkt den menschlichen Charakter ebenso, wie die Kohle brüchiges Eisen zu hartem Stahl veredelt. Mit Ausdauer entwickeln Sie ein magisches »Geldbewußtsein«, und Ihr Unterbewußtsein arbeitet unermüdlich, um Ihr Verlangen nach Wohlstand in bare Münze zu verwandeln.

# Seinen Traum leben

Einem Traum nachzujagen, wird von vielen ernsthaften Leuten verächtlich als Unfug abgetan.

Sie meinen, daß man den Tatsachen ins Auge sehen, daß man seine Lage akzeptieren muß, selbst wenn die Gegebenheiten nicht so sind, wie man sie gerne hätte. Aber diese resignativen und meist unglücklichen Leute (die im übrigen um sich herum jeden Versuch, voranzukommen, systematisch im Keim ersticken) vergessen, daß es zwei Arten von Träumern gibt.

Da gibt es die einen, die vor sich hin träumen, die ihrer Phantasie freien Lauf lassen und sich in diesen Träumen gefallen, ohne jemals den ernsthaften Versuch zu machen, ihre Träume in die Realität umzusetzen.

Aber da gibt es auch die anderen, die sozusagen realistisch träumen, d. h. an die schöpferische Kraft des Unterbewußtseins glauben und ihre Träume auch in die Tat umsetzen.

Leider wird in der heutigen Erziehung und in unseren Schulen das rationale, rein logische Denken überbewertet. Die Fächer Mathematik, Physik und Informatik bekommen immer mehr Gewicht. Dabei bleiben Intuition und Phantasie oft auf der Strecke. Die linke Gehirnhälfte wird mehr trainiert als die rechte. Dagegen lehren die neuesten Trainingsprogramme für Manager und Führungskräfte mit viel Aufwand, wie man vernetztes und ganzheitliches Denken wieder erlernt.

Denn die Psychologen wissen genau: Am Anfang aller großen Leistungen stand ein Traum. Der Traum ist eine Art Projektion des Selbstbildes. Je vielseitiger unser Selbstbild ist, je stärker wir es durch unsere Programmierung vergrößert haben, desto grandioser wird unser Traum sein.

Und das Verblüffendste an einem Traum – mag er auch noch so kühn sein – ist, daß er sich oft leichter erfüllt, als man glaubt.

Ihr Unterbewußtsein führt Sie absolut sicher zum Erfolg, wenn Sie es eindeutig von ihm verlangen!

Das Unterbewußtsein ist nicht nur äußerst potent, es ist auch ebenso gelehrig. Und das aus einem recht einfachen Grund. Das Unterbewußtsein vergißt nichts. Es speichert alles, was in unserem Leben passiert. Die kleinsten Gesten, jedes Wort, alle Gedanken.

Es ist ein perfekter Archivar unseres Lebenslaufes. Und im Gegensatz zu unserem Bewußtsein hört es nie auf zu arbeiten. Es arbeitet 24 Stunden am Tag. Da es Tausende von Fakten und Ideen gespeichert hat, ist das Unterbewußtsein eine wahre Goldmine.

Haben Sie auch schon einmal in Ihrem Leben eine Situation erlebt, wo Sie geglaubt haben, sie schon zu kennen? Nun, Sie sehen, daß Ihr Unterbewußtsein Situationen, die vielleicht schon viele Jahre zurückliegen, nie vergißt und diese in Ihr Gedächtnis, das meist nur für sehr kurze Zeit speichert, zurückholen kann.

Das einzig Ärgerliche daran ist, daß wir es oft nicht wagen, diese Wundermine auszubeuten. Und dabei ist dies so einfach.

Mit Arbeit läßt sich bei weitem nicht so viel erreichen. Denn Arbeit, die nicht von einer guten Idee getragen wird, ist nutzlos.

Dabei genügt schon eine einzige Idee, um Sie reich werden zu lassen!

Und wieviel Zeit braucht man schon für eine Idee? Den Bruchteil einer Sekunde. Denn die Theorie, daß nur der reich wird, der viel arbeitet, dürfte mittlerweile von jedermann, der logisch denken kann, in Frage gestellt werden.

Menschen, die dieses Prinzip nicht kennen, erklären im allgemeinen günstige oder ungünstige Gelegenheiten in ihrem Leben als Glück oder Unglück.

Doch in unserer Welt, die sowohl auf der geistigen wie auf

der physikalischen Ebene von dem unumstößlichen Kausalitätsprinzip »Aktion gleich Reaktion« regiert wird, gibt es de facto keinen Zufall. Genausowenig wie es einen Glücksfall gibt. Oder Pech.

Glück und Pech sind das unerwartete und oft verspätete Ergebnis von zwei Dingen: unseren Gedanken und unseren früheren Handlungen.

Jeder, der sein Unterbewußtsein entsprechend programmiert hat, das heißt eine positive Einstellung zum Erfolg und zum Reichtum entwickelt und sich dieser Zielsetzung voll und ganz verschrieben hat, wird eines schönen Tages sein Ziel erreichen. Nur wer diese Mechanismen nicht kennt, glaubt an den Zufall.

In gewissem Sinne *macht man also buchstäblich sein Glück.* Das gilt auch für das Pech.

# Wie treffen Sie immer die richtige Entscheidung?

Gut, werden Sie sagen, fest daran glauben ist eine Sache, doch wie weiß ich, ob ich an eine gute Idee oder nur an ein Pleite-Objekt glaube, zumal selbst Millionäre und gewiefte Geschäftsleute nach ihrem eigenen Bekunden Fehler gemacht haben, die sie oft teuer zu stehen kamen.

Wie läßt sich die Spreu vom Weizen trennen? Wie bekommt man heraus, ob etwas möglich oder unmöglich ist? Wie findet man eine Idee, ein Projekt, eine Arbeit, an die man absolut glauben kann?

Mit anderen Worten, wie entwickelt man jene Urteilsfähigkeit, die es einem erlaubt, zwar nicht alle Fehler auszuschalten – kein Mensch ist unfehlbar –, aber doch zumindest auf ein möglichst erträgliches Maß zu reduzieren?

Ständig werden wir vor Entscheidungen gestellt. Sollen wir die Stelle wechseln oder nicht, sollen wir diesen oder jenen Beruf ergreifen, sollen wir einem Projekt zustimmen oder es ablehnen, sollen wir in eine Sache unser Geld investieren oder die Finger davon lassen?

---

Wer überleben und reich werden will, muß die richtige Entscheidung treffen, und zwar möglichst immer!

---

Doch es gibt eine sichere Methode, diese Fähigkeit zu entwickeln. Ja – es gibt sie.

Was offenkundig ist, was ins Auge springt, ist selten dazu angetan, uns reich zu machen. Wenn dem so wäre, wäre alle Welt reich.

Einer, dem es gelingt, reich zu werden, während alle anderen um ihn herum ein bescheidenes Leben fristen und damit beschäftigt sind, den Gürtel enger zu schnallen, ist wie ein Sehender unter Blinden.

Im Gegensatz zu den meisten Menschen hat er die Fähigkeit entwickelt, in dem, was jedem anderen unmöglich erscheint, den Ansatz des Machbaren zu erkennen.

Er sieht über die Hindernisse hinweg, die sich bei jedem Unternehmen vor ihm auftürmen. Er erkennt die Möglichkeiten, die er ausschöpfen kann, um letztendlich ans Ziel zu gelangen.

Die Führung von Geschäften, der Aufbau einer Karriere ist, ganz gleich auf welchem Gebiet, immer ein Drahtseilakt.

Ein falscher Schritt ist zwar nicht immer tödlich, aber er wirft einen, zumindest fürs erste, zurück.

Man muß also lernen, *entscheidungssicher* zu werden: wissen, wann man ja sagen muß, aber auch, wann ein Nein geboten ist. Wann man sich auf ein gefährliches Parkett begibt, und sei es nur der Leute wegen, deren Geschäftspraktiken einem ruinös erscheinen.

Es ist tröstlich zu wissen, daß diese Fähigkeit nach Ansicht der meisten reichen Leute nur selten angeboren ist und durchaus erlernt werden kann.

Das heißt also, daß jeder sie entwickeln kann, sofern er sich nur entsprechende Mühe gibt. Dieses Kapitel wird Ihnen zeigen, wie das geht. Sie werden sehen, es ist bei weitem nicht so schwer, wie Sie vielleicht annehmen.

Je besser Sie die Fähigkeit beherrschen werden, das Machbare dort zu erkennen, wo andere längst kapituliert haben, desto mehr wird man Sie möglicherweise für eine Art Original, wenn nicht gar für verrückt halten.

Günstige Gelegenheiten lassen sich meist nicht auf den ersten Blick erkennen. Sie werden im allgemeinen sogar als absurd abgetan.

Doch wenn Sie sich einmal in das Abenteuer des Erfolgs gestürzt haben, dann hören Sie nicht auf die Kritiken oder verächtlichen Kommentare Ihrer Mitmenschen.

Wenn es jemand gegeben hat, der oft Kritik und Mißbilligung erfahren hat, dann war das Jean Paul Getty.

»Normalerweise«, gesteht er nicht ohne einen gewissen Humor, »sind sich die meisten Leute, die ich kenne, bei fast allen Projekten uneinig. Doch als ich ihnen die Ab-

sicht mitteilte, in Revolcadero Beach ein Luxuskurhotel zu bauen, stimmten einmal alle miteinander überein: ›Unmöglich!‹ Sie führten tausend Gründe an, und meistens auch vernünftige Gründe.
– Die gottverlassene Gegend
– Das unsichere Bauland
– Die risikoreiche Finanzierung
– Das unfreundliche Klima
kurzum Tausende von Gründen, warum dieses Projekt bereits von Anfang an zum Scheitern verurteilt sei.
Trotzdem, ich glaubte, ich wußte, daß das Projekt realisierbar war. Bei der Eröffnung stellte sich dann heraus, daß das Luxuskurhotel genau das war, was ich vorausgesagt hatte: Sein riesiger Erfolg vom Start an übertraf alle meine Erwartungen.
Wieder einmal so ein ›unmögliches Projekt‹, das bereits von Anfang an ein 100prozentiger Erfolg geworden war.
Und so gab es vorher und auch noch nachher noch viele größere und kleinere unmögliche Projekte, die ich trotzdem durchgeführt habe, und auf diesem Weg bin ich ein sehr reicher Mann geworden.«

Daher können wir Ihnen nur folgende Erfolgsregel auf Ihren Lebensweg mitgeben.

---

Um Erfolg zu haben, darf man nicht das machen, was die anderen machen!

---

Sie müssen ein Gespür dafür entwickeln, das Mögliche von dem Unmöglichen zu unterscheiden, eine Chance dort zu erkennen, wo andere sie nicht sehen, und sie beim Schopf fassen, ehe die anderen sie noch erkannt haben.
Sicher wäre es naiv zu behaupten, daß man sich immer und überall gegen die anderen stellen sollte. Manche Projekte sind einfach nicht durchführbar oder würden einen viel zu großen Aufwand an Zeit und Energie erfordern.
Um den Erfolg bzw. Mißerfolg eines Produktes an einem

fast undurchführbaren Projekt aufzuzeigen, möchte ich Ihnen eine kleine amüsante Geschichte erzählen:

Die Firmenleitung einer bestimmten Marke von Hundenahrung in Amerika traf sich zu einer Jahrestagung für Absatzforschung.

Der Präsident des Unternehmens hörte geduldig zu, wie sein Werbedirektor ihm eine neue sensationelle Werbekampagne darlegte. Sein Marketingdirektor unterbreitete ihm einen neuen Absatzplan, der den Markt revolutionieren sollte. Und sein Verkaufsdirektor legte eine neue Verkaufsstrategie vor, die das Neueste an erfolgreichen Verkaufstechniken beinhaltete, was es zur Zeit auf dem Markt gab.

Schließlich ergriff der Präsident das Wort und brachte die Sache mit ein paar Bemerkungen auf den Punkt.

»Seit mehreren Tagen hören wir von unseren Abteilungsleitern, welche wunderbaren Pläne sie für die Zukunft haben. Ich habe nur eine einzige Frage: Wenn wir die beste Verkaufsstrategie, die beste Werbung, das beste Marketing haben, warum, zum Teufel, verkaufen wir dann diese verdammte Hundenahrung nicht?«

Betretenes Schweigen im Saal. Dann, nach einem kurzen Augenblick, der wie eine Ewigkeit schien, sagte eine kleinlaute Stimme ganz hinten aus dem Saal: »Weil die Hunde sie nicht mögen!«

Diese köstliche Geschichte ist ein Beispiel dafür, daß wenn ein Produkt vom Verbraucher abgelehnt wird, man sich den Aufwand sparen kann, dies mit Gewalt am Markt abzusetzen.

Und trotzdem: Es ist viel mehr möglich als unmöglich. Das ist bei den meisten, wenn nicht sogar bei allen Erfindungen eine unbestrittene Tatsache.

Denken wir nur einmal an die Zeit, als die Gebrüder Wright an der Erfindung des Flugzeuges arbeiteten. Damals gab man sich alle Mühe zu beweisen, daß ein Körper, der schwerer als Luft ist, sich nicht in der Luft vorwärts bewegen kann. Wenn Sie sich die Lebensgeschichte von Honda anschauen, so werden Sie feststellen, daß auch er am Anfang nur

Gegner bei seinem Entschluß hatte, die »Honda Motor Company« zu gründen und Motorräder zu bauen.

Er gibt selbst zu, daß es geradezu verwegen war, zu einem Zeitpunkt, wo die ganze Industrie des Landes zerstört war, einen neuen Industriezweig aufzubauen. Es war geradezu absurd, Motorräder verkaufen zu wollen, als die Leute gerade so arm waren, daß sie sich nicht einmal das Benzin leisten konnten.

»Jede, aber auch jede Marktanalyse war gegen uns.«

Das Beispiel von Honda zeigt, daß der Geist über der Materie steht, daß der Optimismus eine riesige Kraft ist.

Es ist, als ob der positiv programmierte Mensch nicht nur davon ausgeht, daß die Dinge niemals so schlimm sind, wie es zunächst den Anschein hat, sondern auch davon überzeugt ist, daß sie sich letzten Endes immer zum Besseren wenden lassen.

---

Das Mögliche dort sehen, wo andere das Unmögliche sehen, das ist der Schlüssel zum Erfolg!

---

Je höher man sich selbst einschätzt, desto größer ist auch der Rahmen des Möglichen, den man sich absteckt, desto weniger Dinge erscheinen einem unmöglich. Beides steht in direkter Proportionalität zueinander.

---

Arbeiten Sie also an Ihrem Selbstbild, um das Mögliche besser erkennen zu können.

---

Die meisten Leute machen den großen Fehler, alle Hindernisse, die sich ihrem Vorhaben in den Weg stellen könnten, aufzuspüren, ohne darüber nachzudenken, welche Möglichkeiten ihnen gegeben sind, um diese zu überwinden.

Die richtige Haltung besteht darin, sich zu überlegen, warum das Vorhaben Erfolg verspricht, und nicht ständig darüber nachzudenken, auf welche Hindernisse man stoßen wird.

Natürlich muß man das Für und Wider genau gegeneinander abwägen. Doch in den meisten Fällen genügt, selbst wenn einige Gründe dagegen sprechen, ein bißchen positives Denken, um ein Projekt zu beginnen. Und das Beginnen ist bereits der erste Schritt zum Erfolg.

## Trauen Sie Ihrer Intuition

Wie viele Gelegenheiten haben Sie schon versäumt? Im Laufe des Lebens ergeben sich unzählige. Oft sind sie so klar, daß wir im selben Augenblick, in dem sie sich uns präsentieren, wissen, daß es sich um eine Entscheidung handelt, die wir treffen müssen.
Wir stehen sozusagen an einer Wegkreuzung und müssen uns entscheiden, ob wir den Weg nach rechts oder den nach links nehmen.
Es gibt aber auch Gelegenheiten, die schwer wahrzunehmen sind, weil sie aus dem Unterbewußtsein geboren sind. Das ist der Grund, warum wir unserer Intuition, der Eingebung also, folgen sollten.

Vor etwa 70 Jahren kam ein alter Landarzt in eine Stadt im mittleren Westen und besuchte dort den ansässigen Apotheker, um ihm etwas zu verkaufen.
Länger als eine Stunde feilschten sie um den Preis der Ware. Dann ging der Arzt zu seinem Wagen und holte einen alten Wasserkessel und einen hölzernen Rührlöffel heraus und übergab beides dem Apotheker. Außerdem gab er ihm noch einen kleinen Zettel mit einer geheimnisvollen Formel darauf.
Der Apotheker bezahlte alles zusammen mit 500 Dollar, seinen ganzen Ersparnissen.
Er hätte sich in seinen kühnsten Träumen nicht einfallen lassen, daß dies ihn reich machen würde.
Der junge Apotheker fügte nun diesem Rezept nach seinem Geschmack noch eine kleine Zutat hinzu und braute daraus ein Getränk.

Der alte Kessel wurde ein Füllhorn, das seine Schätze über viele Millionen Menschen ausschüttet.

Sein Inhalt ergießt sich heute in einem nie versiegenden Strom in Millionen Flaschen und gibt Hunderttausenden Menschen Arbeit.

Er beschäftigt eine ganze Armee von Angestellten, Sekretärinnen, Textern und Werbefachleuten, und es gibt wohl kein Land auf der Erde, wo man seinen Namen nicht kennt.

Er verwandelte eine verschlafene Kleinstadt im mittleren Westen zum gewerblichen Mittelpunkt des Staates.

Das flüssige Gold aus dem alten Kessel ermöglichte die Gründung einer der berühmtesten Universitäten in den USA, die Tausenden von jungen Menschen das Rüstzeug gibt, sich im Leben zu bewähren.

Der junge Apotheker hieß Asa Candler.

Die berühmte Formel heißt »7x« und ist uns wohl besser unter dem Namen Coca-Cola bekannt.

Asa Candler verkaufte seine berühmte Formel, die er für 500 Dollar einst von einem alten Landarzt erworben hatte, im Jahre 1919 an Ernest Woodruf, einen großen Getränkehersteller, für 25 Millionen Dollar.

Doch auch diese riesige Summe ist ein lächerliches Nichts gegen den Reichtum, den Woodruf durch den Verkauf von Coca-Cola in der ganzen Welt erzielt.

# Kapitel 5

# Eine schnelle Entscheidung treffen

# Sofort handeln

Der größte Fehler, den die meisten Menschen machen, besteht darin, ständig alles auf die lange Bank zu schieben und Entscheidungen stets zu vertagen.
Sicher spielt der richtige Zeitpunkt eine wichtige Rolle: Doch im allgemeinen ist die beste Entscheidung immer noch die, *zu handeln, und zwar sofort.*

**Auch Sie müssen lernen, Entscheidungen zu treffen!**

Haben Sie schon einmal über das Leben eines Schiedsrichters, z. B. beim Fußball, nachgedacht? Da haben wir einen Mann, der während 90 Minuten an die 50 Entscheidungen treffen muß. Niemand erlaubt es ihm, sich dabei Zeit zu lassen, er kommt kaum zum Nachdenken, denn weder die Spieler noch das Publikum würden das gutheißen.
Wenn er sich häufig geirrt hat, wird man nach dem Spiel sagen, er sei ein schlechter Schiedsrichter, der ungerechte Urteile fälle. Er bekommt die Schuld dafür, daß das Spiel nicht gefallen hat.
Sicher haben Sie schon viele Schiedsrichter gesehen, die vom Publikum beschimpft wurden oder gar beleidigt und mißhandelt. Aber ich habe bis heute noch keinen gesehen, der vom Publikum lauthals gelobt oder gar auf den Schultern der Spieler hinausgetragen wurde.
So geht es in den meisten sportlichen Wettkämpfen.
Eigentlich sollte jeder einmal im Leben für kurze Zeit Schiedsrichter sein. Dann würde er lernen, Verantwortung zu tragen und sich schnell zu entscheiden.
Lernen, Entscheidungen zu treffen, ist etwas ganz Wesentliches im Leben eines jeden Menschen. Von unserer Kindheit bis zu unserem Tod müssen wir uns immer wieder entscheiden. Wir wählen unser Studienfach, wählen unseren

Lebenspartner, entschließen uns dazu, in einem bestimmten Ort zu wohnen.

Wir beschließen, was wir essen, welche Kleidung wir tragen oder welches Auto wir kaufen.

Die Entscheidungen, die wir treffen, beeinflussen unser ganzes Leben!

Die Antwort, die wir uns auf die Frage »Was soll ich tun?« geben, bestimmt unsere Art zu leben. Sie bestimmt auch unser Einkommen, schließlich unser Lebensglück.

## Seien Sie selbständig!

Wenn Sie immer unter dem Einfluß anderer stehen, kommen Sie nie zu einer eigenen Meinung. Seien Sie Ihr eigener Ratgeber. Ziehen Sie nicht jeden ins Vertrauen, nur diejenigen, auf die Sie sich wirklich verlassen können.

Selbst die eigene Familie und die besten Freunde können – ohne es zu wollen und in bester Absicht – das zerstören, was Sie gerade mühsam aufgebaut haben.

Vertrauen und Glauben, die Sie in Ihr neues Projekt haben, können wieder zerstört werden durch negative Bemerkungen und Anspielungen, die Ihr Unterbewußtsein in negativem Sinne blockieren.

Ich gebe gerne zu, daß es nicht einfach ist, etwas alleine zu beschließen. Ohne den Rat von Spezialisten oder Freunden. Aber denken Sie immer daran: Alle großen Männer waren am Anfang ihrer Karriere mit ihrer Entscheidung, ein bestimmtes Projekt zu beginnen, allein.

Erst im Laufe der Zeit haben sie sich den Rat von Spezialisten eingeholt, wenn die Umstände es erforderten. Letztendlich müssen immer Sie entscheiden.

Nur Sie können wissen, was gut für Sie ist.

---

Sie haben ein Gehirn – setzen Sie es ein!

---

Napoleon Hill, der in seinem Buch »Denke nach und werde

reich« das Leben von 25 000 Männern und Frauen unter-
suchte, fand heraus, daß »Unentschlossenheit« die Liste
der Gründe für Mißerfolg anführt.

Eine andere Analyse, bei der erfolgreiche Menschen untersucht wurden, hat gezeigt, daß diese Menschen sehr ent-
schlußfreudig sind. Daß sie den einmal gefaßten Entschluß
selten verwarfen, und wenn, dann nur nach eingehenden
Überlegungen.

# Der Aufschub ist das Gegenteil des Entschlusses!

Der Vorgang des Aufschiebens geschieht immer auf dieselbe Weise.

Sie wollen etwas tun.
Sie beschließen, es zu tun.
Sie zögern die Tat unnötigerweise hinaus.
Sie verteidigen den Aufschub vor sich selbst, meist mit dem Argument, Sie hätten keine Zeit.
Schließlich handeln Sie in letzter Minute, so daß die Arbeit nicht fertig wird oder nicht zur Zufriedenheit erledigt wird.
Sie haben ein schlechtes Gewissen und finden eine Ausrede.

Dabei ist die Ausrede »Ich habe keine Zeit« die verbreitetste und dümmste Ausrede unserer Tage. Es gibt vor allem in südlichen Ländern diese Angewohnheit, ständig alles aufzuschieben, so daß nichts, aber auch gar nichts gleich erledigt wird.
Wenn wir ganz ehrlich sind, ist jeder von uns manchmal ein solcher Aufschieber. Selbst Menschen mit großer Verantwortung können es nicht ganz lassen.

*Aufschieben untergräbt auch das Selbstvertrauen!*

Und es hält davon ab, realistische Ziele zu erreichen. Alles wird verzögert, nichts klappt mehr. Und dabei muß jede Arbeit, die Sie angenommen haben, erledigt werden. Früher oder später.
Dann tun Sie es doch gleich! Suchen Sie keine Vorwände, um die Arbeit aufzuschieben.

Eine kleine praktische Übung: Nehmen Sie sich zwei Blatt

Papier. Schreiben Sie auf das eine Blatt alles auf, was unbedingt erledigt werden muß, was keine Verspätung zuläßt. Und auf das andere all die Sachen, die Sie gerne tun würden, ohne daß es unbedingt notwendig wäre.

Und dann machen Sie sich sofort, und diesmal ohne Aufschub, an die Arbeit, und erledigen Sie all das, was auf dem ersten Zettel steht.

Erst wenn Sie alle Punkte erledigt haben, können Sie sich den Aufgaben auf dem zweiten Zettel zuwenden. Betrügen Sie sich dabei auf keinen Fall selbst.

---

Wenn Sie ein »Aufschieber« sind, dann ändern Sie sich! Und zwar schnell und gründlich! Sonst werden Sie nie ein Gewinner sein!

---

Andrew Carnegie, der Stahlkönig, der eine Zeitlang der reichste Mann der Vereinigten Staaten war und der sein Vermögen aus dem Nichts aufgebaut hat, sagte einmal:

»Die Erfahrung hat mich gelehrt, daß jemand, der nicht in der Lage ist, schnell eine Entscheidung zu treffen, sobald er alle Fakten kennt, auch nicht imstande ist, eine Entscheidung, die er trifft, bis zum Ende durchzuziehen.

Ich habe herausgefunden, daß die Menschen, die sich schnell entscheiden, im allgemeinen auch fähig sind, anderweitig eine gerade Linie zu verfolgen.«

*Erst einmal eine Nacht darüber schlafen.*

Das ist absolut richtig, und zwar ganz einfach deshalb, weil man während der Nacht leichter Zugang zu seinem Unterbewußtsein hat.

Schreiben Sie alle Teilaspekte des Problems auf, unter Einbeziehung aller Daten, die Ihnen verfügbar sind. Stellen Sie Für und Wider einander gegenüber.

Wenn eine der beiden Seiten überwiegt, ist die Entscheidung einfach. Halten sie sich aber die Waage, vertrauen Sie das Problem Ihrem Unterbewußtsein an. Denn dort finden Sie die Antwort. Und zwar die einzig richtige Antwort.

*Und wenn Sie einmal eine Entscheidung getroffen haben, dann vertrauen Sie voll und ganz darauf, auf das richtige Pferd gesetzt zu haben.*

Für schnelle Entscheidungen spricht auch noch ein anderer Grund, nämlich der, daß es gute Gelegenheiten nicht wie Sand am Meer gibt.

Man muß die Gelegenheit beim Schopf packen. Natürlich gibt es immer wieder gute Gelegenheiten, aber wenn man sich nie entschließen kann zuzugreifen, verpaßt man auch ebenso viele Chancen.

Solch eine Unentschlossenheit kann fatale Folgen haben. Sie sind nicht der einzige im Rennen. Lassen Sie es sich nicht so gehen wie dem alternden Junggesellen, der sich in der Jugend nie für eine Frau entscheiden konnte, weil er immer das eine oder andere an seinen Freundinnen auszusetzen hatte.

So vergingen die Jahre, und eines Tages stellte er erstaunt fest, daß es immer weniger weibliche Objekte gab, die für ihn in Frage kamen.

Wenn sich eine günstige Gelegenheit bietet, dann denken Sie daran, daß Sie aller Wahrscheinlichkeit nach nicht der einzige sind, der das erkannt hat.

Es ist immer der Schnellste, der das Rennen macht. Sicherlich brauchen Sie noch ein paar Daten, um eine Entscheidung treffen zu können. Aber seien Sie kein »Analysefreak«, denn eine allzu lange Analyse beinhaltet immer das Risiko, daß sich die Situation, die man analysiert, ständig ändert, und wenn man nach langem Zögern eine Entscheidung trifft, sind die Daten, die zu Beginn der Analyse noch gegolten haben, schon nicht mehr relevant.

Lee Iacocca, der Präsident der Autofirma Chrysler und Autor des Buches »Eine amerikanische Karriere«, schrieb zum Thema, wie man Entscheidungen trifft:

»Nichts auf dieser Welt steht still. Ich gehe gern auf Entenjagd, wo ständige Bewegung und Veränderung herrscht. Man kann auf eine Ente zielen und sie aufs Korn nehmen, aber die Ente hält nie still. Um die Ente zu treffen, muß man die Flinte bewegen. Wenn man mit der Bewegung aber zu langsam ist, ist die Ente fortgeflogen, und man befindet sich in der ärgerlichen Situation des ungeschickten Jägers.«

---

Wie sagt schon das alte Sprichwort so schön: Dem Mutigen gehört die Welt!

---

# Halten Sie an Ihrer Entscheidung fest

Wenn Sie Ihre Entscheidung dann getroffen haben und mit der Aktion und Ausführung beginnen, so müssen Sie sich damit vollkommen identifizieren, auch wenn oft die Stimmung gegen Sie ist, wenn widrige Umstände auftreten, wenn man Ihnen Steine in den Weg legt. Oder Sie gar Mißerfolge zu verzeichnen haben. In Ihren Augen ist das alles nur vorübergehend. So beschwerlich der Weg auch sein mag – er führt letztendlich immer zum Sieg.

Wissen Sie, wie viele Anläufe der Ingenieur Head, dessen Name zu einem anspruchsvollen Markenzeichen wurde, unternommen hat, um den ersten Metallski zu entwickeln? Nicht weniger als 43. Seine Versuche zogen sich über drei lange Jahre hinweg. Hätte Head beim 42. Versuch aufgegeben, dann wäre der Metallski zwar vielleicht auch eines Tages entwickelt worden, aber nicht von diesem amerikanischen Ingenieur, der ein Vermögen damit gemacht hat.

Wenn man das Leben der reichsten Männer der Welt betrachtet, stößt man auf ein eigenartiges Prinzip:

Wenn ein Mensch den Beweis angetreten hat, daß er alle Hindernisse und Mißerfolge mit unerschütterlicher Ruhe und ungebrochenem Selbstbewußtsein überwinden kann, streckt das Leben sozusagen die Waffen. Unvermittelt stellt sich der Erfolg ein. Das Geld fließt, so als sei es von der Charakterstärke des betreffenden Menschen magnetisch angezogen!

Napoleon Hill macht in seinem Erfolgsbuch eine Bemerkung in der gleichen Richtung. Er hat nämlich beobachtet, daß sich der Erfolg oftmals nach einem harten Rückschlag einstellt, so als wolle das Leben die unerschrockene Seele, die einen harten Schlag zu parieren wußte, belohnen.

Die Zähigkeit, die leider so vielen Menschen abgeht, wird häufig belohnt. Wenn Sie sich also gerade in einer schwierigen Situation Ihres Lebens befinden, verzagen Sie nie! Denken Sie an die Untersuchung von Napoleon Hill, und halten Sie durch, bis innerhalb kurzer Zeit der Weg wieder steil nach oben geht.

---

Lernen Sie, Ihre Mißerfolge zu vergessen!

---

Wer Erfolg haben will, muß unter anderem auch die Fähigkeit entwickeln, seine Mißerfolge zu vergessen und seinen Blick unbeirrt auf die Zukunft zu richten.
Wem es nicht gelingt, einen Schlußstrich unter seine Mißerfolge zu ziehen, verheddert sich oftmals im Netz seiner früheren Fehler und kommt nicht mehr voran.
Solche Leute leben buchstäblich in der Vergangenheit und haben Angst vor der Zukunft. Eine solche Einstellung seinen Irrtümern gegenüber ist höchst bedauerlich.
Man glaubt, weil man einmal, zweimal oder auch zehnmal gescheitert ist, ist man unbegabt oder eben ein Pechvogel.
Alle reichen Leute haben irgendwann einmal solche Erfahrungen gemacht, und doch haben sie nicht aufgegeben. Man darf sich nicht umdrehen, sich nicht in der Vergangenheit aufhalten, sonst erstarrt man womöglich zu Stein, wie Lots Weib. Vorne spielt die Musik!

Haben Sie gute Ideen? Großartig!
Dann sollten Sie diese Ideen auch nutzen und anwenden. Wenn Sie irgendwo fest angestellt sind, setzen Sie die Ideen zum Wohl Ihrer Firma ein, und Sie werden erkennen, daß Ihnen das Lob und die Anerkennung Ihrer Vorgesetzten sicher sind.
Und diese Anerkennung wird sich auch bei der nächsten Gehaltserhöhung oder Beförderung auswirken.
Sollte Ihnen das noch nicht genügen? Um so besser!

---

Denn dann sind Sie reif für die Selbständigkeit!

---

## Werden Sie Ihr eigener Chef!

Als Angestellter werden Sie nie ein Vermögen verdienen. Es ist doch so: Egal wie sehr man sich als Angestellter anstrengt, man kann zwar Karriere machen, aber zu echtem Wohlstand wird man es kaum bringen. Alle erfolgreichen Leute bestätigen das.

Als Angestellter bringen Sie es vielleicht zum Direktor oder zum Abteilungsleiter. Aber um sich ein echtes und wirkliches Vermögen aufzubauen, muß man sein eigenes Unternehmen gründen.

Und es lohnt sich wirklich, sein eigener Chef zu sein. Denn Unternehmer verdienen weit mehr als Angestellte, Arbeiter und Beamte.

Laut Angaben des Statistischen Bundesamtes verdienen Unternehmer im Monat durchschnittlich 16.340 DM. Während Angestellte nur auf ca. 5236 DM kommen.

Doch das hohe Einkommen ist längst nicht alles. Als Unternehmer haben Sie mehr Freiraum. Sie bestimmen, wann und wieviel Sie arbeiten. Auch wenn es meist mehr ist als ein Angestellter. Sie wissen stets, für was Sie arbeiten: für Ihr eigenes Unternehmen.

Sie bestimmen auch, wo Sie arbeiten. Und mit wem. Und Sie haben meist die Möglichkeit, mit Ihrem Ehepartner zusammen zu arbeiten. Hinzu kommen steuerliche Gestaltungsmöglichkeiten:

Auto, Telefon, Reisen, Essen, vieles können Sie steuermindernd einsetzen.


## Nebenberuflich starten

Am Anfang können Sie in vielen Bereichen auch nebenberuflich starten. Sozusagen als zweites Standbein. So halten Sie das Risiko gering, falls die neue Geschäfts-idee nicht gleich am Anfang der absolute »Renner« wird. Oder Sie verdienen sich ein dauerhaftes Zusatzeinkommen.

Auch der Einstieg »von zu Hause« ist bei vielen Ideen möglich und spart am Anfang ganz enorme Kosten, weil die Ladenmiete und die laufenden Kosten für Heizung und Strom wegfallen.

In den letzten Jahren hat eine völlig neue Geschäftsidee wirklich explosionsartige Zuwachsraten erzielt: das Franchising!

Dabei handelt es sich um bereits erprobte und seit mehreren Jahren erfolgreiche Unternehmen, die nun aus Gründen der Expansion neue Geschäfts- und Vertriebspartner suchen. Bei diesen Angeboten handelt es sich durchaus um bekannte Firmen wie McDonald's, OBI oder Wap, um nur einige Beispiele zu nennen.

Diese Unternehmen übernehmen den Aufbau einer neuen Zweigfiliale mit all ihrem Know-how, das sie sich bereits erworben haben. Sie investieren in Einrichtung und Ausstattung.

Auch das Warenlager wird von ihnen eingerichtet. Der sogenannte »Franchisenehmer« muß lediglich ein festgesetztes Eigenkapital bezahlen und einen bestimmten Anteil des Umsatzes als laufende Gebühr.

Allerdings muß der neue »Geschäftsführer« wissen, daß er ausschließlich von seinem »Franchisegeber« Waren beziehen darf und auch das komplette Unternehmenskonzept von ihm übernehmen muß.

Außerdem gilt der gleiche Grundsatz wie überall im Leben: Man muß erfolgreich sein.

Denn nur der Erfolgreiche hat auch die Anerkennung seiner Umwelt und der Gesellschaft. Der Erfolglose hat nur das mitleidige Lächeln seiner Mitmenschen zu erwarten und die Gewißheit, als Versager abgestempelt zu werden.

Und da Sie kein Versager sind und auch keiner werden wollen, werden Sie die Kapitel in diesem Buch wie ein Schwamm aufnehmen und ab heute ein neues Leben beginnen.

Um Ihnen den Einstieg in die Selbständigkeit zu erleichtern, sei gesagt, daß es einen neuen Wirtschaftsverlag in Bonn gibt, der es sich zur Aufgabe gemacht hat, in seiner Broschüre Geschäftsideen und Unternehmenskonzepte zu analysieren und zu veröffentlichen.

Solche Verlage nehmen Ihnen die Sucharbeit nach einer erfolgreichen Geschäftsidee ab und schauen sich in Marktlücken um.

Sie stehen dem jungen Unternehmensgründer mit Rat und Tat zur Seite und geben sogar wertvolle Tips bei der leider auch nötigen Finanzierung.

Auf diesem Wege sehen Sie, daß Sie nicht immer ein toller Erfinder einer absoluten »Weltneuheit« sein müssen. Nein, Sie können bereits bestehende und erfolgreiche Konzepte übernehmen und diese für sich umsetzen.

Denn für viele Erfinder ist das Leben ein langer, enttäuschender Weg. Erstens, weil ihre Erfindungen nicht immer gar so umwerfend neu sind, wie sie meinen. Und zweitens, weil ihre Erfindungen, selbst wenn sie als Neuheit patentiert sind, am Bedarf des Verbrauchers vorbeigehen und nicht genügend Umsatz für den Händler bringen.

Denn der alte Spruch lautet immer noch: Geld regiert die Welt, und Umsatz und Gewinn eines Produktes sind die Grundvoraussetzungen!

Im freien Europa hat jeder das Recht, Unternehmer, Hersteller, Fabrikant zu werden. Es ist der geheime Wunsch der meisten Menschen, sich selbständig zu machen und dadurch frei zu sein von irgendwelchen Anweisungen oder Zwängen.

Denn die Freiheit in allen ihren Auswirkungen ist ein elementares Grundbedürfnis der Menschen!

Diese Erfahrung haben sogar in den letzten Jahren viele totalitäre Staatssysteme machen müssen, die geglaubt haben, daß ihre den Menschen aufgezwungenen Vorgaben ewig halten.

Wir wollen Ihnen mit den verschiedenen Kapiteln dieses Buches zeigen, wie man frei wird, denn eines wissen Sie nun bereits:

*Freiheit entsteht erst im Inneren des Menschen!*

## Europa und der Gemeinsame Markt

Am 1. Januar 1993 wurde ein Traum wahr. Die Europäische Gemeinschaft öffnete die Grenzen für einen gemeinsamen Binnenmarkt. Die Medien versprechen uns mehr oder weniger goldene Zeiten, die jetzt anbrechen sollen.

Sehr viele Firmen werden von dieser Öffnung der Grenzen ganz enorm profitieren. Viele Politiker und Beamte haben bereits seit Jahren durch die EG gutbezahlte Posten und Pöstchen bekommen. Sie dürfen auf Kosten der Steuerzahler Reisen machen und nutzen dies auch.

Doch auch viele Unternehmen werden erkennen, daß das freie Spiel der Kräfte am Markt allein durch die wachsende Zahl der Anbieter härter wird.

Bis dahin profitieren besonders Firmen, die »Sprachkurse« anbieten, von der neuen Zukunftsvision, denn von fast allen Führungskräften wird in Zukunft als Selbstverständlichkeit verlangt, daß sie neben ihrer Muttersprache auch mindestens eine Fremdsprache beherrschen.

## Der Vorteil eines Monopols

Es ist logischerweise ein ungeheurer Vorteil, ein Produkt zu besitzen, das noch brandneu auf dem Markt ist.

Da es für so eine Ware noch keine Konkurrenz gibt, kann der Preis dafür relativ frei gestaltet werden.

Nun, wenn Sie selbst kein Erfinder sind, so suchen Sie nach

Neuheiten. Bieten Sie den Leuten, die gute Ideen haben, die Vermarktung Ihrer Produkte an.

In der Zeitschrift »Neuheiten«, die jeden Monat herauskommt, finden Sie unzählige Gelegenheiten. Oder besuchen Sie Erfindermessen.

Solche Leute haben meist zuwenig Kapital, um einen Vertrieb für ihre sicher interessanten Erfindungen aufzubauen. Wenn es möglich ist, sichern Sie sich die Alleinvertriebsrechte.

Und schon haben Sie ein Monopol.

Und wissen Sie, daß 35 Prozent aller Geschäfte und Firmen in der Welt nur einen einzigen Artikel anbieten?


**Die Ideen von heute sind die Erfolge von morgen**

Beherrschen Sie die englische Sprache? Nicht? So erlernen Sie sie.

Wenn der europäische Binnenmarkt greift, wird es unumgänglich sein, diese Sprache zu beherrschen. Und die Sprache eines gemeinsamen Europas wird zweifellos Englisch sein.

Verstehen Sie etwas von EDV oder Computern? Kaufen Sie sich ein Buchhaltungsprogramm und bieten Sie Ihre Dienste kleinen Läden oder Geschäften an. Viele dieser Geschäftsleute sitzen immer noch am Wochenende schwitzend und fluchend über ihren Büchern.


**Je größer die Dienstleistung ist, die Sie anderen gewähren, desto größer wird Ihr Verdienst sein.**

Gerade die Dienstleistungsbranche expandiert immer noch – mit zweistelligen Zuwachsraten. In einer Zeit, in der der Wohlstand der Menschen immer größer wird und gleichzeitig die Freizeit immer mehr, machen Dienstleistungsunternehmen glänzende Gewinne.

Allerdings sollte Ihre Arbeitszeit sehr flexibel bleiben, denn

mit einem Acht-Stunden-Tag von acht bis 16 Uhr ist es bei solchen Unternehmungen nicht getan.
Aber wie Sie nun schon wissen: Alles im Leben hat seinen Preis!

Erfolg zu haben ist einfacher, als Sie denken:
Wenn Sie sich im Bereich des Handels selbständig machen wollen, was überaus lukrativ sein kann, so müssen Sie ein Produkt suchen und finden, das eine bestimmte Nachfrage befriedigt.
Für dieses Produkt müssen Sie Werbung machen. In dieser Werbung versprechen Sie, wenn sie gut gemacht ist:

- einen Vorteil
- eine Befriedigung
- eine Freude
- einen Luxus

Gute Werbung wirkt heutzutage sogar auf das Unterbe-wußtsein des Menschen. Werbung macht auch vor den Kindern nicht mehr halt, und in der Zeit der Kabelprogramme im Fernsehen können Sie sehen, wie schon bei Kindern ein bestimmtes Bedürfnis geweckt wird.
Und wer kann schon einem Kind etwas abschlagen, das mit treuherzigen Augen um etwas bittet, wenn es sich eine Belohnung verdient hat?
Aber denken Sie immer daran: der Verbraucher wählt. Er allein entscheidet, ob das Produkt ein Flop oder vom Markt angenommen wird. Deshalb füllen Sie nicht sofort Ihr komplettes Warenlager, sondern fangen Sie langsam an.
Schon viel zu oft haben sich selbst bei erfahrenen Geschäftsleuten manche Waren als Ladenhüter erwiesen, und gerade wenn Sie eine sehr junge Firma sind mit wenig Startkapital, so erweist sich eine solche Fehleinschätzung als äußerst fatal.
Denn die Ware, die bereits von Ihnen bezahlt ist, ist sozusagen totes Kapital und kann nur noch als Verlust steuerlich

abgeschrieben werden. *Deshalb: Betreiben Sie vorher Marktforschung.*

Denn die Konkurrenz schläft nicht, und meistens gibt es etwas Vergleichbares oder Ähnliches auf dem Markt. Dann entscheidet allein der Preis, die Qualität, die bessere Werbung, der bessere Service über Erfolg oder Nichterfolg.

# Lernen Sie aus Ihren Fehlern

Jede Niederlage ist eine wertvolle Erfahrung. Wie heißt es doch so schön: Man lernt aus seinen Fehlern mehr als aus einem Erfolg!

Man stellt sich auf eine gesunde Weise in Frage, man analysiert seine Ideen, überdenkt seine Methoden, seine Konzeption und zieht daraus meist großen Nutzen.

Es ist keine Schande, Fehler zu machen. Was weniger elegant ist und im allgemeinen überhaupt nichts bringt, ist, zweimal denselben Fehler zu machen. Die richtige Einstellung zu Fehlern ist alles.

Wenn Sie die Gründe für einen Mißerfolg gründlich analysiert haben, werden Sie auch besser den Weg zum Erfolg erkennen.

In diesem Sinne bringt Sie jeder Mißerfolg dem Erfolg ein Stück näher.

Das klingt zwar paradox, doch es ist wahr. Die Erfahrungen erfolgreicher Leute bestätigen es.

Die Ratschläge, die Paul Getty, einer der reichsten Männer der Welt, allen Geschäftsleuten mit auf den Weg gibt, sind folgende:

Erkennen Sie Marktentwicklungen und Marktsituationen rechtzeitig und nutzen Sie diese.

Eignen Sie sich möglichst viele Kenntnisse auf dem Gebiet an, wo Sie aktiv werden wollen, um es von Grund auf zu beherrschen.

Und dann setzen Sie Ihre gesamte geistige Energie ein, um das gesteckte Ziel zu erreichen.

Im Alter von 24 Jahren faßte Getty einen für einen jungen Mann, der gerade am Anfang seiner Karriere stand, seltsamen Entschluß. Er beschloß, sich vom Geschäft zurückzuziehen. Da er nun Millionär geworden war, entschied er, sich ganz einfach aus dem aktiven Geschäftsleben zurückzuziehen und einen Schlußstrich unter seine Ölgeschäfte zu ziehen.

Kalifornien mit seinem herrlichen Klima und seinen schönen Frauen war für einen jungen Millionär geradezu ein Paradies. Doch genau nach zwei Jahren machte er seinen Entschluß wieder rückgängig. Er war der Meinung, daß er mit diesem Faulenzerdasein nur seine Zeit vergeudete.

Viele von Ihnen werden jetzt den Kopf schütteln und sagen, daß, wenn Sie in dieser Situation wären, Sie dies bestimmt nicht getan hätten. Daß Sie das schöne Leben eines reichen Millionärs genossen hätten.

Und es ist tatsächlich komisch mit den reichen Leuten. Die meisten von ihnen könnten bereits in jungen Jahren von ihren Zinsen leben. Und trotzdem mischen sie weiter mit im Geschäft um das große Geld. Der Reiz des Erfolges, der den Adrenalinspiegel nach oben treibt, wirkt oft berauschender als eine Droge.

Viele reiche Leute sind bis ins hohe Alter tätig, und sie arbeiten meist sieben Tage in der Woche, und das oft zwölf bis 14 Stunden am Tag.

Sie empfinden einen längeren Urlaub als Strafe und langweilen sich dementsprechend. Denn eins ist sicher: Arbeit tötet nicht, sondern aktiviert immer wieder aufs neue die Leistungsfähigkeit Ihres Gehirns.

Dagegen sieht man bei vielen Menschen, die in den berühmten »Ruhestand« treten, deutliche Zerfallserscheinungen, wenn sie mit ihrer neu bekommenen Freizeit nichts anzufangen wissen.

Sie bemerken leider oft schlagartig, daß sie alt geworden sind, daß man sie nicht mehr um Rat fragt. Und daß man auf ihr Urteil, das im Berufsleben 40 Jahre lang wertvoll war, keinen Wert mehr legt.

Und für diesen Zustand haben sie sich jahrelang abgerackert und bereits mit relativ jungen Jahren von ihrer Rente geträumt. Das beste Beispiel sind unsere Beamten. Sie sind, falls sie nicht gerade im gehobenen Dienst sind, ein Leben lang mit einem eher bescheidenen Gehalt zufrieden.

Doch dafür haben sie die Gewißheit, daß sie irgendwann einmal in eine gesicherte Pension gehen können. Und der Gedanke an diese Pension hält sie tatsächlich über 40 Jahre lang an einem oft eintönigen und unbefriedigenden Arbeitsplatz fest.

Ein absolut erschreckender Gedanke für einen ehrgeizigen und kreativen Menschen. Denn die Leute, die reich werden wollen, müssen mitmischen im riesigen Geschäft um das große Geld. Sie brauchen viel Freiraum für ihre Entscheidungen und wollen sich von niemandem Vorschriften über ihren Tagesablauf machen lassen.

Daher üben auch reiche Leute diese magische Anziehungskraft auf alle anderen aus. Weil sie es sich leisten können, ihr Leben selbst zu gestalten.

---

Nun, wenn Sie nur einen Teil der Ratschläge, die in diesem Buch veröffentlicht werden, nachahmen, werden auch Sie bald in den Club der Millionäre eintreten können. Die Eintrittskarte dazu halten Sie gerade in Ihren Händen!

---

Wenn Sie sich erst einmal im klaren darüber sind, auf welchem Gebiet Sie sich auszeichnen und zu Geld kommen wollen – wie es geht, wissen Sie in groben Zügen aus den vorherigen Kapiteln –, dann ist es wichtig, eine weitere Regel zu kennen, an die Sie sich unbedingt halten müssen.

Wie so viele der Erfolgsregeln auf den vorherigen Seiten wird Sie Ihnen am Anfang banal vorkommen.

Doch zum Thema Banalität und Naivität möchten wir Ihnen folgendes sagen:

Viele moderne Manager mit einer hochkarätigen Ausbildung sind möglicherweise ein bißchen zu intelligent.

Das sind diejenigen, die laufend ihren Kurs ändern, die laufend komplizierte Programme entwerfen. Es sind diejenigen, die 200 Seiten lange Strategiepläne und 500 Seiten schwere Akten haben, um den Marktbedarf zu beschreiben.

Unsere »dümmeren Freunde« sind da anders. Ihnen fehlt das Begriffsvermögen dafür, warum nicht alle Produkte von bester Qualität sein können. Sie begreifen auch nicht, warum selbst auf dem Gebiet der Chips nicht jeder Kunde einen persönlichen, auf ihn abgestellten Service erwarten kann. Es ist ihnen unverständlich, warum der Markt nicht ständig neue Produkte hervorbringen kann.

Sicher, Naivität kann einen negativen Beigeschmack haben, doch die Leute, die die erfolgreichsten Unternehmen leiten, sind tatsächlich ein bißchen naiv!

Diese Feststellung wird nur diejenigen überraschen, denen es an der nötigen »Naivität« mangelt.

---

Um daran zu glauben, daß man so viel Geld machen kann, wie man will, um an seinen Traum zu glauben, braucht man ein gehöriges Quantum an Naivität.

---

So unwahrscheinlich sich dieser Satz auch anhören mag, wir haben bei der Arbeit zu diesem Buch viele Leute getroffen, die uns gestanden haben, daß es in dem Moment mit ihnen finanziell steil nach oben ging, als sie sich an dem Leitsatz des folgenden Kapitels orientiert haben.

# Kapitel 6

# Die magische Kraft eines Ziels

# Man muß sich ein genaues Ziel setzen

---

Man muß sich ein genaues Ziel stecken, das heißt, man muß wissen, was und bis wann man etwas erreichen will!

---

Vielleicht lächeln einige von Ihnen bereits darüber oder halten diese Ausführungen für Zeitverschwendung.

Und dennoch, vielleicht lag Ihre bisherige Erfolglosigkeit gerade daran, daß Sie diesen Grundsatz nicht beachtet haben.

Vergessen Sie eines nicht: Die Menschen, die gescheitert sind, haben niemals ein festes Ziel vor Augen gehabt.

Oder aber: Sie haben sich ein sehr niedriges Ziel abgesteckt, das sie allerdings auch erreichen.

Mit anderen Worten, und das ist kein Widerspruch: Ihr Mißerfolg ist ein Erfolg.

Dieses Prinzip erinnert uns an die Geschichte eines Versicherungsvertreters, der sich im Monat immer eine Prämie von 5000 Dollar verdiente. Als ihm ein neues Gebiet zugeteilt wurde, in dem sein Vorgänger eher erfolglos war, gelang es ihm trotzdem, dieses Ziel zu erreichen.

Als man ihn dann aber in ein anderes Gebiet versetzte, in dem die anderen Vertreter weit höhere Erfolgsquoten zu vermelden hatten, blieb er bei seinen durchschnittlichen 5000 Dollar, obwohl dies für ein derartiges Gebiet sehr schwach war.

Das Problem dieses Mannes war in der Tat seine Zielsetzung. Er glaubte nicht daran, daß er mehr (oder weniger) als 5000 Dollar erreichen könnte, und dementsprechend hatte er sich unbewußt dieses Ziel gesetzt.

Das beweist ganz deutlich, welche Macht das Unterbewußtsein über uns hat und wie es uns zu jedem Ziel führt, ganz gleich, wie schwer oder leicht es zu erreichen ist.

Warum? Das Wesen des Unterbewußtseins gibt uns die Antwort darauf. Tatsächlich ist eine Zielsetzung die zweifellos einfachste und wirksamste Art, sein Unterbewußtsein zu programmieren.

---

Eine Zielsetzung ist gewissermaßen das »Sesam, öffne dich« für die Welt des Erfolgs!

---

Und wissen Sie, was das Beste daran ist? Um Ihr Ziel zu erreichen, werden Sie bei einer solchen Programmierung nicht unbedingt härter arbeiten müssen.

Sie werden sogar weniger arbeiten und trotzdem die legitimen Früchte Ihrer Anstrengungen erreichen.

Verstehen Sie uns richtig. Um erfolgreich zu sein, muß man arbeiten, oftmals hart arbeiten. Aber man kann weniger arbeiten und trotzdem bessere Ergebnisse erzielen. Und man kann genauso viele Stunden wie bisher arbeiten und seinen Erfolg trotzdem vervielfachen.

Einige der erfolgreichsten Lernmethoden für Manager und Führungskräfte zeigen, daß man sich, um den Arbeitserfolg zu steigern, nur auf das »Wesentliche« zu konzentrieren braucht. Man muß lediglich seine »Strategie« verbessern.

Diese Lehrgänge und Seminare beschäftigen sich eigentlich nur mit einer einzigen Tatsache:

---

Man muß sich voll auf ein Ziel konzentrieren!

---

Denn eines ist sicher: Selbst unter den Arbeitstieren, die alle Voraussetzungen für eine erfolgreiche Karriere mitbringen, haben die meisten keine präzisen und quantifizierbaren Zielvorstellungen.

Meist beschränkt man sich auf eine vage Verbesserung des Lebensstandards.

Und wie sieht es in Ihrem Fall aus? Welches Ziel haben Sie sich für das kommende Jahr gesteckt? Wieviel wollen Sie verdienen?

```
                                                    ?
                                        1 Million?
                            100 000 DM?
                  30 000 DM?
    20 000 DM?
```

Wenn Sie Arbeiter oder Angestellter sind, dann wissen Sie, daß Sie – wenn alles seinen normalen Gang geht und Sie nichts Besonderes unternehmen – mit einer gewissen, im allgemeinen recht dürftigen Gehaltserhöhung rechnen können.

Wenn Ihnen das genügt, dann können wir Ihnen mit diesem Buch auch nicht mehr helfen.

Wenn es Ihnen aber um eine echte – und absolut legitime – Einkommensverbesserung geht, dann fragen Sie sich einmal, welches neue Einkommensziel Sie sich für das neue Jahr überhaupt gesetzt haben. Vielleicht sogar gar keines?

Es gibt jede Menge von Angestellten, und vielleicht gehören Sie auch dazu, die sich über ihr geringes Einkommen beklagen, ihre Lage aber als ausweglos schildern.

Sie behaupten ernsthaft, sie hätten gar nicht die Zeit dazu, die nötigen Schritte zu unternehmen, um ein höheres Ziel zu erreichen.

Das Schlimme an dieser irrigen Meinung ist, daß sie auch noch davon überzeugt sind.

Wenn Ihre augenblickliche Stelle keine Aufstiegsmöglichkeit bietet und deshalb mit dem neuen Ziel, das Sie sich am Ende dieses Kapitels vornehmen werden, nicht in Einklang steht, dann machen Sie sich sofort nach Dienstschluß oder Arbeitsende – familiäre Verpflichtungen hin oder her – ein, zwei Stunden lang auf die Suche nach neuen Wegen.

Das ist die einzige Möglichkeit, sich aus Ihrer Situation zu befreien.

Wenn Sie aber nach Dienstschluß einfach fünf gerade sein lassen und Ihre Ruhe haben wollen, dann sind die Chancen, Ihre Situation zu verbessern, gering, um nicht zu sagen: »Gleich Null!«

Wenn Sie sich nur vagen Hoffnungen hingeben und darauf warten, daß irgend etwas geschieht, daß Sie vielleicht befördert werden oder daß man Ihnen einen besseren Arbeitsplatz anbietet, dann können Sie uns ruhig glauben: Das Wunder wird nicht geschehen!

Beginnen wir mit einem einfachen Test:
Nehmen Sie ein Stück Papier zur Hand, überlegen Sie kurz und notieren Sie dann die Summe, die Sie nächstes Jahr verdienen wollen.
Haben Sie Ihr Stück Papier? Noch nicht? Dann holen Sie es, denn es ist unabdingbar, daß es bei diesem Spiel eingesetzt wird.
Schreiben Sie nun Ihren Wunschverdienst im nächsten Jahr auf.
Wenn Sie im Augenblick 50.000 DM im Jahr verdienen, was dem Durchschnittseinkommen eines deutschen Arbeiters entspricht, haben Sie vielleicht gerade 60.000 DM geschrieben.
Wenn Sie zur Zeit 60.000 DM im Jahr verdienen, was dem Durchschnittseinkommen eines deutschen Angestellten entspricht, dann haben Sie vielleicht gerade 70.000 DM geschrieben.
Wenn Sie einen guten Tag hatten und positiv eingestellt waren, haben Sie diese Zahl sogar um weitere 10.000 DM erhöht.

In diesem Kapitel wollen wir Sie eines lehren: *Setzen Sie sich ein hohes Ziel!*
Denn wie wir bereits im vorherigen Kapitel gelernt haben:

---

Die einzige Grenze, die einen Menschen aufhalten kann, ist seine mentale Grenze!

---

Der Wert eines Menschen hängt somit einzig und allein von seinem Selbstwertgefühl ab. Im allgemeinen unterschätzen sich die Menschen, selbst wenn sie sich nach außen selbstbewußt geben. Es gibt leider sehr wenige wirklich selbstbewußte Menschen. Jeder leidet mehr oder weniger an irgendeinem Minderwertigkeitskomplex.

Die beste Methode, Ihren Wert zu steigern, ist die Verbesserung Ihres Selbstbildes. Die Formeln für die Autosuggestion haben Sie sich bereits in einem der vorherigen Kapitel zusammengestellt. Aber nun geht es um bares Geld, um die Festsetzung eines neuen finanziellen Ziels.

Machen Sie weiter mit unserem kleinen Test. Verdoppeln Sie einfach den gewünschten Betrag. Wenn Sie als Ziel 70.000 DM angegeben haben, dann nehmen Sie als neues Ziel 140.000 DM.

Nun, wie fühlt man sich mit dem neuen Ziel? Sie finden, daß das zuviel ist, 140.000 DM?

Sie haben in gewisser Weise sogar recht, und zwar insofern, als nur ein geringer Prozentsatz der Bevölkerung ein solches Einkommen hat.

---

Nichtsdestotrotz werden Tausende von Menschen jedes Jahr Millionär und haben ein Einkommen von mehr als einer Million DM im Jahr!

---

Weshalb sollte das nicht für Sie gelten? Deshalb setzen Sie sich ein ehrgeiziges Ziel. Ein quantifiziertes Ziel übt eine magische Kraft aus.

Beim ersten Mal geht man noch mit einer gewissen Skepsis an die Sache heran und schraubt seine Ziele nicht sehr hoch. Doch sobald sich der erste Erfolg einstellt, muß man höhere Ziele anpeilen.

Und wissen Sie, was Sie als Anfänger dabei am meisten überrascht? Daß Sie Ihr Ziel erreichen, das heißt, nicht nur erreichen, sondern sogar übertreffen. Betrachten Sie es als eine Art Herausforderung, Ihre Zielvorstellung zu erreichen. Das Spiel ist absolut spannend und zahlt sich im allgemeinen mehr als erwartet aus.

Vielleicht haben Sie schon in sechs Monaten erreicht, was Sie sich für ein Jahr vorgenommen haben. Wer davon profitiert, sind in erster Linie Sie.

# Sie sind mehr wert, als Sie glauben

Das hat Ihnen nur noch keiner gesagt. Wahrscheinlich ist man sogar darum bemüht, Sie vom Gegenteil zu überzeugen.

Denken Sie immer daran: Intelligenz
                        Arbeitsmoral
                        Phantasie
                        Disziplin
                        Erfahrung

sind für den Erfolg wichtig. Doch kennen wir alle Menschen in unserem Umfeld, die über diese Qualitäten verfügen und denen trotzdem der Erfolg verwehrt bleibt.
Der wahre Grund dafür ist nicht, daß diese Leute Pech haben, sondern daß sie sich ein Ziel gesetzt haben, das viel zu niedrig ist. Sie glauben einfach nicht daran, daß sie einen enormen finanziellen Aufstieg verdienen.

---

Sprengen Sie Ihre mentalen Grenzen, und steigern Sie Ihren Wert, indem Sie sich möglichst hohe Ziele setzen!

---

Für Ihr Unterbewußtsein spielt die Höhe des Ziels, das Sie ansteuern, keine Rolle. Und weil das so ist, erleichtert das die Dinge kolossal.

### Fixieren Sie Ihr Ziel schriftlich

Die Disziplin, etwas schriftlich festzuhalten, ist der erste Schritt, es in die Tat umzusetzen. In Gesprächen kann man oft unverbindlich daherreden. Aber wenn man seine Gedanken zu Papier bringt, dann ist man gezwungen, sich genau auszudrücken.
Auf diese Weise ist es schwieriger, sich selbst etwas vorzu-

machen. Mit der schriftlichen Fixierung nimmt das Ziel konkrete Formen an.

Wenn ich mein Ziel aufschreibe, habe ich bereits den ersten Anlauf genommen, ich habe gehandelt.

Und was die anderen betrifft, die vielleicht über Sie lächeln oder sticheln. Seien Sie beruhigt, bald werden Sie lächeln ... ganz für sich alleine.

Denn Sie wissen etwas, was die anderen nicht wissen:

---

Ein genaues Ziel ist der Anfang jedes Erfolges, und ich mache die Verwirklichung dieses Ziels zu meiner Obsession!

---

Lassen Sie sich von Ihrer Zielvorstellung voll und ganz durchdringen. Lesen Sie das Geschriebene täglich mehrmals immer wieder durch. Wenn Sie es schaffen, daß Ihr Ziel zu einer Art fixen Idee von Ihnen wird, werden Sie all Ihre Energien – auch unbewußte – auf den gewünschten Erfolg konzentrieren.

Aber es kommt noch besser. Dank der geheimnisvollen Kräfte des Unterbewußtseins werden Ihnen die Umstände und andere Leute überraschenderweise helfen, Ihr Ziel zu erreichen.

Eine Zielvorstellung ist wie eine Lupe. Sie fokussiert Ihre Energien auf einen Punkt, und bald entzündet sich daran das Feuer des Erfolges.

Wenn die Verwirklichung Ihres Zieles also wirklich zur Obsession wird, so bedeutet das darüber hinaus auch noch eine Orientierungshilfe in bezug auf Ihr berufliches Leben.

Wieso? Ganz einfach! Alles, was Ihnen dabei hilft, sich dem Ziel zu nähern, muß weiterverfolgt werden. Alles, was Sie davon entfernt, muß beiseite geschoben werden.

Einer von den Reichen, die ihr ganzes Leben von einer großen Idee besessen waren, war Walt Disney. Er träumte davon, Kinderfilme zu machen und seine Märchenfiguren zu zeichnen.

Sein Motto lautete:   Verbissen arbeiten.
Durchhalten bis zum Erfolg.
Und vor allem:
Von einer großen Idee besessen
sein.

Und daß große Ideen und Träume sogar über den Tod hinausgehen, sehen wir daran, daß seine Märchenfiguren wie
Mickymaus und Goofy noch von unseren Kindern geliebt
werden und daß im Jahr 1992 der neue »Euro Disney Park«
in der Nähe von Paris eröffnet wurde.
Gibt es einen besseren Beweis dafür, daß es sich lohnt, bis
zum Ziel durchzuhalten?

Lesen Sie diese kleine erstaunliche Geschichte.
Es ist eine »Schlafgeschichte«, die uns die elektrisch beheizbare Decke bescherte.
Der Gründer der wissenschaftlichen Laboratorien von General Electrics, Willis Whitney, beschwerte sich des öfteren
bei seinen Assistenten, daß er wegen der herrschenden
Kälte nachts keinen Schlaf finden könne. Da nahm sich
William Kearsley, Spezialist in ausgefallenen Geräten, vor,
etwas für seinen Chef zu tun.
Er widmete sich der Idee, wie man in der kalten Jahreszeit
ein Bett wärmer machen könnte.
An einem außergewöhnlich kalten Tag im Februar 1935 trug
er seine Erfindung nach Hause und begann sie auszuprobieren. Er tat dies vier Nächte lang und fand das Ergebnis
nicht schlecht.
Der damalige Präsident der General Electrics hieß Gerard
Swope. Als er von der Decke hörte, wollte er sie ausprobieren. Und damit öffneten sich für William Kearsley die Türen
zu seinem Erfolg.
Die elektrische Decke, die das Bett beheizt, ist millionenfach verkauft, und der Markt ist bis heute nicht gesättigt.
Zweifellos war die Decke die Antwort auf eine Nachfrage,

die damals bestand, zu einer Zeit also, wo man in den Häusern noch keine Zentralheizung hatte.

## Man muß kein Genie sein, um viel Geld zu verdienen

Die Eltern des Girolamo Gaslini sind arme Leute. Der Junge bringt daher jeden Tag alte Schachteln und Lumpen nach Hause, die er auf der Straße findet.

Er bringt auch andere Sachen mit, alles, wovon er glaubt, daß es in irgendeiner Weise brauchbar ist.

Eines Tages, als er die Straßen von Genua durchstreift, entdeckt er einen Haufen alter, zerfetzter Jutesäcke. In den darauffolgenden Tagen wächst der Berg von Säcken an.

Da beschließt Girolamo, die Säcke mit nach Hause zu nehmen.

Nachdem er sie gewaschen und geflickt hat, bietet er sie einem Kartoffelhändler an, der begeistert zugreift, denn so preiswerte Säcke hat er noch nie bekommen.

Der Kartoffelhändler erklärt sich bereit, alle Säcke aus dieser »Herstellung« zu kaufen. Der junge Girolamo eröffnet zu Hause eine Annahmestelle für alte Säcke.

Lieferanten sind die Straßenkinder von Genua, von denen er viele kennengelernt hat. Die alten Säcke werden dann von den jungen Leuten gewaschen und geflickt und von Girolamo weiterverkauft.

Mit 30 hat er seine erste Million!

Das ist nur der Anfang eines Vermögens, das ihn schließlich zur italienischen Aristokratie führen soll.

Jahre später verliert er seine kleine Tochter Gianina. Er glaubt, daß sie, wenn sie medizinisch besser versorgt worden wäre, hätte gerettet werden können.

Er beginnt mit dem Bau eines Krankenhauses, das zum besten Kinderspital Italiens wird. Er stellt sechs Professoren, 40 Ärzte und 700 Krankenschwestern ein, die die kleinen Patienten medizinisch versorgen.

Aufgrund dieser Tat wird ihm von der italienischen Regierung der Grafentitel angeboten.

---

Sie sehen wieder einmal, daß am Anfang eines Vermögens nicht Talent oder ein großes Startkapital stand, sondern nur eine – Idee!

---

Welchen Preis zahlt er nun für seinen Reichtum, und wer von Ihnen ist bereit, so wie Gaslini zu leben?


## Der Preis des Reichtums

Girolamo Gaslini geht jeden Abend um 21 Uhr zu Bett, um sich nach fünf Stunden, um zwei Uhr morgens, zu erheben. Seine Post und Korrespondenz erledigt er von zwei bis vier Uhr.
Um vier Uhr frühstückt er und geht anschließend in sein Büro. Um sechs Uhr Besprechung mit seinen Mitarbeitern. Um zwölf Uhr ißt er zu Mittag und gönnt sich eine Stunde Pause. Dann geht er wieder an seine Arbeit, die abends um 19 Uhr endet.
Diesen Arbeitsstil ändert er auch nicht, als er längst Millionär geworden ist.
Nun, sind Sie immer noch bereit, einen solchen Preis für den Reichtum zu bezahlen?
Denn eines wissen wir bereits aus den vorhergegangenen Kapiteln: Alles im Leben hat seinen Preis.
Eine amerikanische Zeitung hat einmal die wöchentliche Arbeitszeit von Führungskräften in den Chefetagen untersucht und kam auf eine durchschnittliche Arbeitszeit von 57 bis 60 Stunden.
Auch zum Thema »Selbständigkeit«, das wir im vorherigen Kapitel behandelt haben, sollten Sie wissen, daß gerade die Inhaber von kleineren Firmen oft noch länger arbeiten.
Das liegt daran, daß sie die komplette Verantwortung für ihren Betrieb tragen und fast alle wichtigen Entscheidungen selbst treffen.

Und viele dieser »kleinen Chefs«, die wir oft um ihre schönen Autos beneiden, sitzen am Sonntagnachmittag über ihrer Buchhaltung.

Auch die Besitzer von Lokalen, Hotels und Restaurants haben meistens eine Sieben-Tage-Woche, und den freien Tag in der Woche, der auf dem Lokalschild als »Heute Ruhetag« gelesen wird, nutzen sie zum Einkaufen.

Wenn solche Personen sich daher voll einsetzen und wirklich »alles geben«, sei ihnen auch ein relativ höherer Verdienst gegönnt als manchem Arbeiter oder Angestellten, der im Augenblick die 37-Stunden-Woche hat, und die Gewerkschaften sind eifrig daran, diese Zeit noch zu verkürzen.

Wenn Sie es schaffen sollten, in eine ganz hohe Führungsposition wie Generaldirektor oder gar Präsident einer Gesellschaft aufzusteigen, so können Sie zwar das »Tagesgeschäft« weiterdelegieren, haben dafür aber eine Menge repräsentativer Pflichten und Aufgaben, die sich meist abends oder am Wochenende abspielen, auf jeden Fall außerhalb der normalen Arbeitszeit.

Zum Thema Arbeitszeit müssen wir uns das tägliche Leben von Ray Kroc, dem Gründer des McDonald's-Imperiums, ansehen.

Vor seiner Zeit bei McDonald's war er Vertreter für Pappbecher und hatte die Aufgabe, Besitzer von Lokalen davon zu überzeugen, daß Pappbecher einfach hygienischer seien als nicht immer ordentlich gespülte Gläser.

Sein Tag begann morgens um sieben Uhr. Um diese Zeit raste er mit seinem Musterkoffer in der Hand auf der Suche nach Aufträgen und neuen Kunden durch die Straßen von Chicago. Gegen 17 Uhr, wenn die meisten Leute brav nach Hause gingen, war Kroc auf dem Weg zum Funkhaus des Senders WGES, wo er als offizieller Pianist angestellt war und live die Begleitmusik spielte, was damals noch üblich war. Sein Tag endete gegen zwei Uhr morgens.

Wie hielt er das durch? Er war nicht etwa ein Mann, der von Natur aus über eine außergewöhnliche Konstitution verfügte. Doch er hatte gelernt, daß alles eine Sache des Trainings war:

»Mein Geheimnis bestand darin, daß ich jeden Augenblick der Ruhe optimal für mich zu nutzen verstand. Ich glaube, daß ich durchschnittlich jede Nacht nicht mehr als sechs Stunden schlief. Oft waren es nur vier Stunden oder noch weniger, und ich bin überzeugt davon, daß ich das ohne meine persönliche Methode der Selbsthypnose nicht durchgehalten hätte.

Außerdem verabscheute ich es, auch nur eine Minute meiner Zeit zu vertrödeln. Im übrigen brauchte ich den Komfort, und dank meines Einkommens aus den beiden Jobs konnte ich ihn mir auch leisten.

Die Kollegen wunderten sich auch später noch, als ich Chef von McDonald's war, wie ich es schaffte, täglich 14 oder 16 Stunden zu arbeiten und danach noch mit Kunden oder Geschäftsfreunden zum Essen zu gehen und bis spät in die Nacht hinein in Lokalen zu sitzen.

Morgens um Punkt sieben Uhr war ich dann wieder an meinem Schreibtisch und verrichtete meine Arbeit. Bei diesem Tagespensum war es unabdingbar, daß ich jede Minute der Nachtruhe für mich nutzen mußte.

So versuchte ich mich, wenn ich ins Bett ging, absolut zu entspannen und mein Gehirn völlig zu entleeren. Ich stellte mir einfach eine Tafel vor, auf der alle wichtigen Gedanken angeschrieben waren, die ich mit einem Lappen auswischte. Sobald in der Ruhephase wieder ein Gedanke hochkam, ergriff ich meinen Lappen und wischte ihn aus.

Und so schlief ich ein und konnte mich die wenigen Stunden in der Nacht voll entspannen und regenerieren.«

Und so arbeiten die Erfolgreichen gewöhnlich mehr und intensiver als andere.

Was nicht unbedingt bedeutet, daß sie sich durch die Arbeitslast mehr gestört fühlen, nur eben, daß ihr Arbeitstag nie ein bestimmtes Ende hat.

Auch wenn sie sich nicht immer ihre Arbeit mit nach Hause nehmen, also im Köfferchen mit sich tragen, so haben sie ihre Arbeit doch im Kopf »immer bei sich«.

Henry Ford sagte einmal: »Ich glaube nicht, daß ein Mensch seine Arbeit einfach so lassen kann. Er denkt während des ganzen Tages daran, und oft träumt er nachts davon.«

Die Leute, die körperlich arbeiten, glauben oft, daß diejenigen, die bei der Arbeit nicht ins Schwitzen kommen, nicht wirklich arbeiten.

Aber die »Kopfarbeiter« merken, daß die Müdigkeit der Muskeln nicht das alleinige Zeichen der Arbeit ist.

Die Hersteller von Maschinen haben in den letzten 100 Jahren die Arbeitswelt so umgeformt, daß die meisten Menschen heutzutage fast ausschließlich mit dem Kopf arbeiten.

Es ist leider eine Tatsache, daß viele Menschen zwar »mit dem Kopf« arbeiten, denken, planen und urteilen, dies ihnen aber zutiefst zuwider ist..

Doch Maschinen müssen immer das bleiben, als was sie dienen sollen: Werkzeug!

Wenn man bedenkt, daß geistige Arbeit zumindest ein Minimum an Lerneifer voraussetzt, dann versteht man, warum diejenigen, die geistige Arbeit verrichten, den anderen überlegen sind und meist auch besser entlohnt werden.

---

Wenn jemand sein Brot verdienen will, genügt es zu arbeiten. Will jemand jedoch reich werden, muß er sich um anderes bemühen!

---

## Es gibt Ausnahmen – und diese bleiben Ausnahmen

Max Quartemann zum Beispiel. Dieser arme Schwarze kam zu Beginn des Sommers 1920 mit seiner Familie auf eine Farm in Michigan.

Nachdem er den ganzen Sommer über wie ein Sklave gearbeitet hat, findet der Metzger des Ortes Gefallen an ihm und leiht ihm etwas Geld, damit er eine Hühnerfarm aufbauen kann, die er bald auf Viehzucht erweitert.

Dann kauft sich der junge Mann einen alten Ford, mit dem er Transporte durchführt, später erweitert er dieses Geschäft um ein Taxiunternehmen. Bald hat er vier Taxi laufen, mit Hilfe seiner Söhne.

Dann eröffnet er eine Tankstelle und einen Lebensmittelladen. Diese werden von seinen Töchtern geführt. Zum Schluß eröffnet er am Rand des Dorfes ein Restaurant.

Und so ist diese Familie wohlhabend geworden, weil sie den Bürgern dieser Kleinstadt viele Dienstleistungen angeboten hat. Aber dies sind wirkliche Ausnahmen.

Kennen Sie die Entstehung des Klebstreifens?

Und Richard Drew? Eigentlich müßte man ihm ein Denkmal widmen. Er beobachtet eines Morgens, wie ein Arbeiter seine Arbeit beendet, die daraus bestand, ein Auto zweifarbig zu lackieren. Drew wundert sich, daß der Mann ein kleines Federmesser benutzt, um das Papier zu entfernen, das einen Teil des Wagens abdeckte, während der andere Teil lackiert wurde.

Er sieht, daß der Arbeiter sehr vorsichtig sein muß, um den frisch aufgetragenen Lack nicht zu verkratzen. Außerdem ist das Ablösen des Papiers sehr zeitraubend.

Er denkt sich etwas aus: Ein präpariertes Papier, das ohne Wasser haftenbleibt, leicht abnehmbar ist und dadurch viel wirtschaftlicher.

So entsteht der Klebstreifen: Und das Unternehmen 3M wächst mit diesem Produkt zu einem Industriegiganten. Jedem von Ihnen, der einmal Büromaterial eingekauft hat, ist der Name »3M« ein Begriff. Das Unternehmen hat im Laufe der Jahre seine Produktpalette immer weiter ausgebaut.

## 90 % Ihrer Fähigkeiten schlummern noch in Ihnen

Tatsache: der Mensch nutzt meist nur zehn Prozent seiner Fähigkeiten und in Ausnahmefällen 20 Prozent.

Andererseits sind sich die Menschen am Ende ihres Lebens bewußt, daß sie längst nicht alles verwirklicht haben, was sie sich einmal vorgenommen hatten.

Lesen Sie die Geschichte der Dauerwelle.

Charles Nessler machte vor seiner Auswanderung in die USA Versuche mit Haarsträhnen, um diese kraus zu bekommen.

Eines Nachmittags befeuchtet er eine solche mit Borax, um sie geschmeidiger zu machen, danach rollt er sie auf ein erhitztes Eisen.

Das Haar bildet eine Locke und bleibt in dieser Form. Mit dieser Erfindung fährt er nach Amerika und bietet sie der Friseurinnung des Landes an.

Die Tantiemen, die er aus diesem Verfahren verdient, belaufen sich auf drei Millionen Dollar.

Nach 22 Jahren entwickelt ein Chemiker ein völlig neues Verfahren, um diesen heißen Lockenstab zu ersetzen. Es ist eine Dauerwellenflüssigkeit, und diese können die Frauen sogar zu Hause anwenden.

Dieses Produkt finden Sie heute noch in jeder Drogerie oder in jedem Kaufhaus; es wird täglich millionenfach verkauft.

Sie sehen, daß Sie sehr reich werden können, wenn Sie den Menschen einen Dienst erweisen. Wenn Sie einen Bedarf befriedigen und dies dann noch gut vermarkten, steht Ihrem Erfolg nichts mehr im Wege.

Ihre Produkte können Pfennigprodukte sein oder sogar Wegwerfartikel. Wenn sie millionenfach gebraucht und auch verkauft werden, lohnt sich die Rechnung trotzdem.

Unser »Dauerwellenchemiker« hat seine Mischung, die nur einen sehr geringen Materialwert darstellt, der großen Firma »Gilette« angeboten. Diese erkennt den ungeheuren Bedarf bei Millionen von Frauen und setzt ihre komplette Werbe- und Marketingabteilung daran, dieses Produkt zu vertreiben.

Der junge Chemiker, der zu der Zeit 33 Jahre alt ist, bekommt für seine Idee die Summe von sage und schreibe 20 Millionen Dollar.

# Stellen Sie einen Aktionsplan auf

Nachdem Sie sich nun ein festes Ziel für dieses Jahr gesetzt haben, zum Beispiel 100.000 DM zusätzlich zu verdienen, müssen Sie zur Tat schreiten und als erstes einen Aktionsplan aufstellen.

Der Leitsatz in Ihrem Kopf, den Sie täglich mehrmals in Gedanken wiederholen, lautet:

*Es ist völlig klar, daß ich in diesem Jahr nicht 100.000 DM mehr verdienen werde – wenn ich nichts dafür tue. Wenn die Dinge weiter so laufen wie bisher, werde ich am Ende des Jahres genau wieder dort stehen, wo ich jetzt auch bin. Ich muß also irgend etwas unternehmen und brauche einen Aktionsplan, um mein Ziel zu erreichen.*

Planen Sie Ihr Vorgehen schrittweise, und zwar so, daß es eine möglichst klare Linie gibt.

Wenn Sie z.B. eine neue Stellung suchen, aktualisieren Sie Ihre Bewerbungsunterlagen, telefonieren Sie, bitten Sie um ein persönliches Gespräch.

Wenn Sie in das Immobiliengeschäft einsteigen wollen, sprechen Sie mit Leuten aus der Branche, lesen Sie Fachzeitschriften.

Wenn Sie eine Gehaltserhöhung anstreben, prüfen Sie Ihren augenblicklichen Wert in der Firma und machen mit Ihrem Chef einen Termin. Legen Sie gute Argumente vor, um Ihren Chef zu überzeugen.

Wenn Sie Unternehmer sind, versuchen Sie, neue Märkte zu erschließen und neue Kunden zu gewinnen, denn nur durch das »Neukundengeschäft« kann Ihre Firma expandieren.

Wenn Sie sich selbständig machen wollen, dann prüfen Sie Ihre Waren oder Dienstleistungen unter dem Aspekt, ob ein echter Bedarf da ist, und sprechen Sie mit Ihrer Hausbank wegen der Finanzierung.

Jeder Fall ist anders gelagert, und Sie müssen selbst entscheiden, wo sie aktiv werden, doch es ist absolut wichtig, daß Sie Ihren Plan bis zum Ende durchziehen, ungeachtet der Schwierigkeiten und Hindernisse, die sich Ihnen zwangsläufig in den Weg stellen werden.

Wenn Sie Ihren Plan umsetzen, kommen Sie wahrscheinlich nicht darum herum, gewisse Risiken auf sich zu nehmen.
Es ist gewissermaßen ein Sprung ins Ungewisse, vor allem wenn Sie das erste Mal an einem neuen Projekt arbeiten.
Jede Veränderung ist mit einer gewissen Angst und Unsicherheit verbunden.
Doch ein bestimmtes Maß an Risikobereitschaft muß schon sein. Es gibt natürlich auch Leute, die morgens das Haus nicht ohne Schirm verlassen, selbst wenn die Sonne scheint.
Leider wartet die Welt nicht immer, während man damit beschäftigt ist, seine etwaigen Verluste vorauszuberechnen.
Manchmal muß man einfach ein Risiko eingehen – und seine Fehler unterwegs korrigieren.
Ein Ziel muß nicht immer finanzieller Art sein. Sie können auch das Ziel haben, der beste Anwalt oder der beste Schriftsteller zu werden. Oder der beste Versicherungsvertreter usw.
Das ist völlig in Ordnung. Es ist eben eine andere Art, erfolgreich zu werden. Für viele Leute ist Geld nicht die Hauptsache in ihrem Leben, sondern der Ehrgeiz, auf irgendeinem Gebiet der Beste zu sein.
Sie erinnern sich an die Leitsätze im vorigen Kapitel?
Man muß Spaß an seiner Arbeit haben. Wenn man Spaß hat, hat man auch Erfolg. Dann stellt sich der finanzielle Erfolg von selbst ein. Denn wenn Sie den besten Dienst leisten, ist es nur normal, daß Sie auch entsprechend belohnt werden.

## Steuern Sie nie mehr als zwei Ziele gleichzeitig an!

Hüten Sie sich davor, allzu viele Ziele gleichzeitig anzusteuern. Das führt dazu, daß Sie Ihre Energie verzetteln. Beschränken Sie sich dieses Jahr auf maximal zwei Ziele. Zum Beispiel der Beste Ihres Fachs zu werden und ein bestimmtes Einkommen zu erzielen.

Setzen Sie sich ein realistisches Ziel: Ich möchte in diesem Jahr dies oder das erreichen. Oder ich möchte in fünf oder zehn Jahren da und dort stehen. Ja es gibt sogar Leute, die sich ein Lebensziel setzen. Lassen Sie dabei Ihre jetzige Lage, Ihre früheren Mißerfolge vollkommen aus dem Spiel. Denken Sie auch nicht an Ihr Alter. Sie können in jedem Alter damit beginnen, Ihr Leben erfüllter und erfolgreicher zu gestalten.

Und sehr oft lassen sich die Träume, die man in seinem Herzen hat, schneller verwirklichen, als man denkt. Das ist weder eine Frage des Alters noch der Lebensumstände.

Wenn man ein Lebensziel hat bzw. wenn man weiß, was man aus den verbleibenden Jahren – die vielleicht die schönsten Jahre des Lebens werden – machen will, so hat das eine völlig neue Gestaltung des zukünftigen Lebens zur Folge.

## Sie können ab heute der Baumeister Ihres Lebens werden!

Ein derartig langfristiges Ziel, das zum Lebensinhalt wird, vereinfacht vieles. Wenn man nicht weiß, was man aus seinem Leben machen will, ist es schwer, die täglichen kleinen Entscheidungen zu rechtfertigen, da sie sich nicht in einen größeren Rahmen einpassen lassen.

Aber dieser neue Lebensinhalt, den Sie sich zum Ziel gesetzt haben, gibt jeder Handlung, jeder Maßnahme, jedem Gedanken einen Sinn.

*Wer kein Lebensziel, keine Zukunftspläne hat, wem die Voraussetzung dafür fehlt, sein Leben in seinem Sinn zu gestalten, der wird sehr selten erfolgreich sein.*

*Er wird auf den stürmischen Wogen des Schicksals wie ein Boot ohne Steuermann dahintreiben.*

Ein Lebensziel stimuliert, motiviert, verhilft unumschränkt zum Erfolg. Das ganze Leben ist ein Anpassungsprozeß. Wenn man gut programmiert ist, werden die Veränderungen, die sich ergeben, immer unter dem Aspekt »jeden Tag ein bißchen besser« zu sehen sein.
Je weiter Sie in Ihrer persönlichen Entwicklung voranschreiten, je weiter Sie sich einer ganzheitlich positiven Programmierung Ihres Unterbewußtseins annähern, desto kühner werden Ihre Pläne ausfallen.
Sie werden Ihr ursprüngliches Konzept wahrscheinlich noch mehrmals korrigieren.
Das ist nicht schlimm. So laufen die Dinge oft. Wichtig ist nur, daß man stetig vorankommt, sich mehr und mehr entfaltet, sein Leben umfassend bereichert.

**Setzen Sie sich jetzt für das kommende Jahr ein ehrgeiziges Ziel!**

Wenn Sie dies getan haben, dann gliedern Sie es in einzelne Abschnitte auf. Überlegen Sie sich Schritt für Schritt, was zu tun ist, um diese Teilziele zu verwirklichen.
Schreiben Sie jedes dieser Teilziele auf, und versehen Sie diese mit einer Terminangabe. Und an diesen neuen Terminplan halten Sie sich dann auch. Überprüfen Sie, ob Ihre monatlichen Einkünfte ein Dreizehntel Ihres angestrebten Jahresziels sind.
Wenn Sie bereits ein festes Einkommen haben und monatlich nicht auf die von Ihnen festgesetzte Summe kommen, müssen Sie etwas dagegen unternehmen. Das heißt nicht unbedingt, daß Sie jetzt sofort Ihre Stelle aufgeben müssen. Aber Sie müssen sich eine zusätzliche Einnahmequelle suchen, um Ihr Ziel zu erreichen.
Planen Sie so sorgfältig wie möglich, ohne dabei natürlich

etwaige lukrative Gelegenheiten, die sich unerwartet bieten, auszulassen.

Teilen Sie Ihr Jahrespensum in Monate, Ihr Monatspensum in Wochen auf. Mit einer guten Planung ersparen Sie sich Scherereien und wappnen sich gegen unvorhergesehene Risiken. Selbst wenn man sie nie ganz ausschalten kann.

*Üben Sie Disziplin!*

Um Ihre Zielsetzung Tag für Tag mit Leben zu erfüllen, bedarf es der Disziplin. Und die beste Disziplin ist diejenige, die von innen heraus kommt, die nicht von außen aufgezwungen ist.

Ein griechischer Philosoph sagte einmal: »Der Charakter eines Menschen ist sein Schicksal.«

Das Gesetz dieses Philosophen kennt keine Ausnahme. Alle, die erfolgreich sind, haben auch Charakterstärke, zeichnen sich durch ihre starke Natur aus. Es sind alles Menschen mit eiserner Disziplin.

Das widerspricht sicher der landläufigen Meinung, Reiche seien Müßiggänger und Nichtstuer.

Gewiß gibt es unter den Leuten, die durch Erbschaft reich geworden sind, auch einige, die nicht durch vorbildliche Haltung auffallen.

Aber das sind auch genau diejenigen, die keinerlei Charakterstärke bewiesen haben, um an dieses Geld zu kommen.

# Der Charakter eines Menschen ist sein Schicksal

*Entwickeln Sie sich in Ihrem tiefsten Innersten!*
»Ich war 13, als ich verstand, wie wichtig Geld ist, wenn man es dringend braucht.

Mein Vater mußte operiert werden. Der Arzt verlangte 250 Dollar.

Aber für uns – eine arme New Yorker Familie – hätten es ebensogut 250.000 sein können.«

Diese Zeilen stammen aus den Memoiren von Sydney Baron, einem der bekanntesten »Public Relation«-Unternehmer der Vereinigten Staaten.

Er hatte eine fixe Idee, die ihn seit seiner Jugend antrieb. Er wollte nie wieder ohne Geld dastehen.

*Oder nehmen Sie Dorothy Gerber*
Um ihr krankes Kind zu heilen, preßte sie Obst und Früchte aus und passierte den Saft durch ein Sieb. Das Kind wurde gerettet. Sie nahm die Rezepte als Grundlage für ein Unternehmen zur Herstellung von Kindernahrung.

Heute ist »Gerber Kindernahrung« weltbekannt, ein Unternehmen, dessen Bruttoeinnahmen in die Millionen gehen.

*Kennen Sie Margaret Rudkin?*
Um ihrem neunjährigen Sohn, der an schweren Asthmaanfällen litt, zu helfen, begann sie ein besonderes Brot zu backen.

Sie nahm dazu Weizen, den sie selbst in der Kaffeemühle mahlte, um damit das wichtige Vitamin B zu erhalten. Dieses Brot, das nun reich an Mineralien war, buk sie in frischer Milch, die mit Butter angereichert war.

Und damit kurierte sie nicht nur ihren Sohn, sondern beeindruckte auch den Hausarzt, der sie – und ihr Rezept – anderen Kunden empfahl.

Mit sehr wenigen Mitteln begann ein Geschäft. Es bestand

vom Inventar her nur aus einer Küchenwaage, mit der die einzelnen Zutaten abgewogen wurden.

Die Frage, die Margaret Rudkin sich stellte, war, ob ihre Kunden den höheren Preis von einem viertel Dollar für dieses Brot von höchster Qualität zahlen würden.

Sie zahlten es gerne. Die kleine Brotfabrik beschäftigte zwei Jahre nach ihrer Gründung bereits 45 Personen. Sie produzierten in der Woche 25 000 Brote und machten einen Umsatz von 250.000 Dollar.

Die Erfindung der modernen Feuerzeuge verdanken wir einem gewissen James Landy.

Er suchte seit seiner Kindheit eine einfache Methode, um Feuer zu entzünden. Und zwar auch dann, wenn es regnet oder stürmt.

Aber es gab nichts, was dem gleichkam, was er sich vorstellte.

Er begann zu Hause zu experimentieren und versuchte es eines Tages mit Rohrzuckerabschnitten, die ca. zwei Zentimeter breit und fünf Zentimeter dick waren. Als er sah, daß diese Abschnitte leicht brennbar waren, ohne sofort wieder auszugehen, meldete er seine Erfindung als Patent an.

Er ersparte sich ein kleines Kapital für die Einführungskampagne und eröffnete mit 21 Jahren sein erstes Büro. Mit 26 Jahren hatte er seine erste Million.

---

Wenn wir eine Reise beginnen, kommen wir immer an. Aber wir müssen die Reise erst einmal antreten.

---

Eines Nachts im Jahre 1910 kam der Handelsvertreter David Curtin in ein Hotel in Kansas. Er war sehr müde, und der Tag war sehr heiß gewesen. Er ging auf sein Zimmer, um ein Glas Wasser zu trinken.

Das Wasser ist frisch, aber das Glas ist nicht sauber gespült. David Curtin beginnt aus einem Karton ein Trinkgefäß zu formen.

Diesen Becher aus Papier, der Wasser hält und sehr hygienisch ist, weil er ja nur einmal benutzt wird, bietet er den leitenden Herren einer Firma in New York zur Vermarktung an.
So entstand der Pappbecher, und sein Siegeszug sollte anhalten bis in die jetzige Zeit, wo er langsam wieder endet, da wir mit unseren Müllbergen nicht mehr zurechtkommen.
Für David Curtin aber wurde der Pappbecher zu einem Verkaufsrenner, der ihn zum Millionär machte.

# Kapitel 7

# Ein Rückschlag macht Sie stärker

# Niemand ist endgültig unterlegen

Falls Ihr erster Plan nicht den erwarteten Erfolg hat, so arbeiten Sie einen zweiten aus. Schlägt dieser auch fehl, ersetzen Sie ihn durch einen dritten.

Fahren Sie damit unverzagt fort, bis Sie Ihr Ziel erreicht haben. Auf diesem Weg versagt die Mehrzahl der Menschen nur deshalb, weil ihnen die Ausdauer fehlt, mißlungene Pläne durch immer neue und bessere Pläne zu ersetzen.

Es kommt nicht selten vor, daß Menschen ihre Sachen hinwerfen und die Waffen strecken mit der Begründung, ihr Stolz und ihre Würde ließen keinen Mißerfolg zu.

Dabei hat dies mit Stolz nichts zu tun. In Wirklichkeit ist das viel eher Laschheit. Laschheit, hinter der sich ein Mangel an Selbstvertrauen verbirgt.

»Echter Stolz« heißt, trotz Erfolglosigkeit beharrlich seinen Weg zu gehen. Wer reich werden will, zweifelt niemals an seinem Erfolg. Er weiß, daß es nur eine Frage der Zeit ist, bis er die goldenen Früchte seiner Bemühungen vom Baum des Lebens pflücken wird.

Er weiß, daß die Zeit in jedem Fall für ihn arbeitet.

Und so definiert sich auch der wahre, echte Stolz. Wer die Mentalität eines Erfolgsmenschen besitzt, wird niemals ein Nein als endgültige Antwort akzeptieren, ganz gleich welche Umstände dieses Nein diktieren.

Er weiß um die geheimen Kräfte der Geduld ... Er weiß auch, daß es oftmals ganz bestimmte Umstände sind, die ihn im Moment nicht zum Zug kommen lassen, die sich mit der Zeit aber unweigerlich ändern.

Denn alles im Leben ist ständig in Bewegung, nichts bleibt statisch, und Hartnäckigkeit und Entschlossenheit bringen Sie immer ans Ziel!

Akzeptieren Sie niemals ein »Nein« als Antwort. Sagen Sie »ja« zum Erfolg! Sagen Sie »ja« zum Leben!

Betrachten Sie deshalb eine Niederlage immer als vorübergehend und als Zeichen dafür, daß Ihre Pläne noch nicht völlig ausgereift waren.

Millionen von Menschen bleiben nur deshalb arm und unglücklich, weil sie nicht die nötige Ausdauer besitzen.

Niemand ist endgültig unterlegen – es sei denn, er gibt sich selbst geschlagen.

Wir bemerken immer nur den Erfolg der Menschen und vergessen darüber alle Enttäuschungen und Rückschläge, die auch sie überwinden mußten, ehe sie ihr Ziel erreichten.

Betrachten Sie jedes Scheitern Ihrer Pläne ganz einfach als sicheres Zeichen dafür, daß Sie diese noch nicht sorgfältig genug ausgearbeitet haben.

Überdenken Sie Ihre Strategie, und steuern Sie frischen Mutes von neuem auf Ihr Ziel los.

Nur wer vorher aufgibt, ist ein Schwächling. Wer schwach wird, gewinnt nie – wer gewinnt, wird nie schwach!

Prägen Sie sich diesen Satz ein, und schreiben Sie ihn mit großen Buchstaben auf ein Blatt Papier. Dieses Blatt hängen Sie in Ihrem Schlafzimmer auf, und Ihr letzter Blick am Abend und Ihr erster Blick am Morgen muß auf dieses Blatt fallen.

Wenn Sie diese Disziplin, die wir Ihnen empfehlen, praktizieren, so lassen Sie sich auch einen gewissen Freiraum für Ihre Phantasie und für Ihre Entspannung.

Denn eine Überlastung Ihres menschlichen Organismus führt unweigerlich zu Streßerscheinungen und im schlimmsten Fall sogar zu Magengeschwüren oder Herzinfarkt.

Die Leute, die das große Geld machen wollen, vergessen bei all ihrem Einsatz manchmal, daß sie keine Maschinen sind und daß auch sie bisweilen eine Atempause brauchen, um gut zu funktionieren.

Überlastung ist niemals produktiv. Man muß sich die Zeit nehmen, um seine Batterien wieder aufzuladen. Man muß ein gesundes Gleichgewicht finden.

Es ist dagegen bemerkenswert, wie viele Leute sich ständig überlastet fühlen, dabei aber weit davon entfernt sind, ein großes Arbeitspensum zu erledigen.

Darüber zu jammern, wie überlastet man ist, tut gut und ist auf jeden Fall »in«.

Trotzdem nutzen die meisten Leute nicht einmal ein Zehntel ihres Potentials, haben aber die schlechte Angewohnheit, ständig müde zu sein.

Eine sehr interessante Untersuchung hat ergeben, daß es bereits zu den Statussymbolen von hohen Führungskräften gehört, ein Magengeschwür zu haben.

Ein Arzt erzählt, daß zahlreiche Direktoren über Magengeschwüre klagen, die sie gar nicht haben. Es gibt Führungskräfte, die lieber sterben würden als zuzugeben, daß sie keine Magenprobleme haben. Das käme dem Eingeständnis gleich, daß sie Allerweltsmenschen sind.

Da wir keine Ärzte sind, können wir nur schwer beurteilen, ob die Selbstdiagnose der magenkranken Führungskräfte immer zutrifft, aber man kann wirklich nur herzhaft lachen, wenn man einen Jungmanager von 28 oder 30 Jahren sieht, der in der Woche nicht mehr als 48 Stunden arbeitet (abzüglich der Zeit für Geschäftsessen oder Golfspielen), aber ständig darüber jammert, wie überlastet er ist und wie sehr ihn seine Arbeit streßt.

Die wahren Genies der Geschäftswelt arbeiten normalerweise 16 bis 18 Stunden täglich – und das oftmals sieben Tage in der Woche – und gehen selten in Urlaub.

Die Leute, die ein derartiges Arbeitspensum bewältigen, unterscheiden sich gar nicht so sehr von der Mehrheit. Sie haben nicht etwa mehr Energie. Sie wissen diese nur besser zu nutzen, diese Energie, die im Unterbewußtsein eines jeden Menschen schlummert.

Außerdem haben diese Männer und Frauen eine eiserne Disziplin. Sie haben die Arbeit zu ihrer Gewohnheit gemacht. Alles im Leben ist Gewohnheit.

Der Mensch ist, wie es so schön heißt, ein Gewohnheitstier. Nur haben die meisten Menschen schlechte Gewohnheiten, deshalb sind sie auch nicht erfolgreich.

---

Erfolg ist eine Gewohnheitssache. Durch Disziplin und mentale Programmierung können Sie den Erfolg zu Ihrer Gewohnheit machen!

---

# Warum Führungskräfte scheitern

Wenn Sie als Führungskraft erfolgreich sein wollen, so müssen Sie wissen, was Sie auf jeden Fall vermeiden müssen:

*Keine Zeit zu haben*
Die dümmste Ausrede der Welt, die leider weit verbreitet ist, lautet: »Ich habe keine Zeit.«
Es kann überhaupt nicht sein, daß eine Führungskraft für irgendein Problem keine Zeit hat. Die Situation ändert sich ständig, und man muß fähig sein, sich der veränderten Lage anzupassen. Wer für eine dringliche Angelegenheit keine Zeit hat, ist unfähig zu führen.

*Aufgaben nicht zu delegieren*
Wenn eine Führungskraft alles und jede Kleinigkeit selbst entscheiden und vielleicht sogar noch selbst erledigen will, so wird sie selbst mit einem 16- oder 18-Stunden-Tag nicht klarkommen.
Geeignete Arbeiten müssen an fähige Mitarbeiter delegiert werden. So gewinnt die Führungskraft Zeit, um neue Ziele und Strategien festzulegen.
Bei delegierten Arbeiten muß lediglich eine Zielkontrolle durchgeführt werden, wobei die Verantwortung für das Ergebnis und das Treffen von strategischen Entscheidungen niemals delegiert werden kann.

*Abneigung gegen niedrige Aufgaben*
Bei aller Notwendigkeit, Aufgaben zu delegieren, muß jede Führungskraft bereit sein, einfache Dinge auch selbst zu erledigen.

*Furcht davor, daß an Ihrem Stuhl gesägt wird*
Schlechte Führungskräfte sichern, wenn sie eine bestimmte Position einmal erreicht haben, nur noch ihre eigene Position. Sie haben wirklich Angst, von meist jüngeren und fähi-

geren Managern ausgebootet zu werden. Dadurch wird die Aktivität einer Abteilung derartig gelähmt, daß jede Initiative schon im Keim erstickt wird.

*Mangel an Phantasie*
Wenn die Führungskraft nicht in der Lage ist, eine Vision aufzuzeigen und ihre Mitarbeiter auf dieses gemeinsame Ziel hinzuführen, ist sie unfähig, überhaupt Mitarbeiter zu leiten. Dynamische Vorstellungskraft ist unbedingt notwendig, um auch aus verzwickten Notlagen einen Ausweg zu finden.

*Selbstsucht*
Kein Chef darf den Erfolg seiner Abteilung für sich alleine in Anspruch nehmen, sondern muß das Lob und die Anerkennung an seine Mitarbeiter weitergeben.
Denn der Erfolg ist einzig und allein seinen Mitarbeitern zu verdanken, die unter seiner Anleitung das vorgegebene Ziel erreicht haben.
Denn mit einer guten Mannschaft kann man jedes Ziel erreichen. Dies gelingt aber nur, wenn man seine Mitarbeiter motiviert und auch lobt. Denn nur motivierte Mitarbeiter bringen auch gute Ergebnisse.
Und obwohl es immer wieder bestritten wird, ist Lob ein noch größerer Leistungsansporn als bloße Bezahlung.

*Unmäßigkeit*
Eine Umfrage unter 10 000 Führungskräften hat ergeben, daß viele von ihnen unter Alkoholproblemen oder ähnlichem leiden. Solche Charakterfehler führen unweigerlich zum Verlust von Energie und Lebenskraft, und ein Chef ohne Energie ist wie eine ausgebrannte und verbrauchte Hülle.

*Mangel an Loyalität*
Mangelnde Zuverlässigkeit und Loyalität sind die Hauptursachen für menschliches und berufliches Versagen. Eine Führungskraft muß sich absolut loyal gegenüber ihrer

Firma, ihren Vorgesetzten und ihren Mitarbeitern verhalten.

## Autoritäres Verhalten

Autoritäres Verhalten heißt noch lange nicht, daß man eine Autorität ist. Wer dies immer noch nicht akzeptiert hat und seine Mitarbeiter immer noch autoritär führt, wird spätestens am Arbeitsergebnis der Abteilung oder der Firma feststellen, daß nur so viel erreicht wurde, wie vorgegeben war, und niemals über das Soll hinaus geleistet wurde.

## Titelsucht

Wenn die Visitenkarte mit dem eingedruckten Titel der Führungskraft das Hauptpräsentationsmittel des Chefs ist, so läuft irgend etwas falsch. Die wahre Führungskraft glänzt durch ihre Aufgabe und ihr Engagement.

Suchen Sie Ihre größte Schwäche und bekämpfen Sie diese. So werden Sie den größten Erfolg erzielen.

# Ideen und Dienstleistungen kann man übernehmen!

Wer sich großen Reichtum zum Ziel setzt, muß sorgfältig und vernünftig planen. Die folgenden Abschnitte enthalten genaue Anweisungen, wie Sie zu einem Vermögen kommen.

Es gibt auf der Erde zwei Arten von Menschen: Führer und Gefolgsmänner.

Sie müssen sich jetzt und heute entscheiden, zu welcher Gruppe Sie gehören wollen. Wir wollen Ihnen gleich im voraus sagen, daß der fundamentale Unterschied zwischen beiden Gruppen die Bezahlung ist.

Wenn Sie reich und erfolgreich werden wollen, müssen Sie sich unter allen Umständen für die Gruppe der Führer entscheiden.

Die meisten Führungsmenschen haben einmal als Gefolgsmann angefangen und sich dank ihrer Intelligenz emporgearbeitet.

Wenn Sie aber ein Führer sind oder einer werden wollen, so müssen Sie die wichtigsten Merkmale von Führern entweder haben oder sich schnellstens aneignen.

Jedes Vermögen ist auf den folgenden Grundsätzen aufgebaut:

*Unerschütterlicher Mut*
Niemand läßt sich von jemandem führen, dem es an Mut oder Selbstvertrauen fehlt.

*Selbstbeherrschung*
Eiserne Selbstkontrolle und Disziplin schaffen für alle Ihre Untergebenen ein Vorbild.

*Gerechtigkeitssinn*
Fairneß und Gerechtigkeitssinn sind die unabdingbaren Eigenschaften von Führungskräften.

*Unbeirrbarkeit*
Wer seine Leute nicht auf ein persönliches Ziel hinführen kann und dabei unbeirrt seinen Erfolg plant, ist unfähig, Mitarbeiter zu führen.

*Feste Pläne*
Erfolgreiche Führungskräfte stellen feste Pläne auf und führen diese durch. Wer blindlings alles dem Zufall überläßt, wird unweigerlich scheitern.

*Die Erwartungen übertreffen*
Jeder wirkliche Führer fordert von sich selbst mehr als von seinen Untergebenen. Er leistet immer mehr, als von ihm erwartet wird.

*Herausragende Persönlichkeit*
Schlampige oder nachlässige Menschen werden niemals zu den Höhen des Erfolgs emporklettern.

*Sympathie und Verständnis*
Führungskräfte müssen sich Zeit nehmen für die Sorgen und Nöte ihrer Untergebenen.

*Ein Auge fürs Detail*
Kleinigkeiten sind viel wichtiger, als man glauben mag. Der gute Führer hat ein Auge für solche Sachen.

*Bereitschaft, Verantwortung zu übernehmen*
Die Führungskraft ist stets für die Leistungen ihrer Abteilung verantwortlich, und zwar für die guten und für die schlechten.

*Fähigkeit zu Zusammenarbeit*
Die Kunst der Zusammenarbeit muß beherrscht werden, denn ohne sie kann keine Abteilung überhaupt ein gutes Ergebnis erzielen: Gewaltherrschaft war noch nie von ewiger Dauer, wie viele diktatorische Staaten in jüngster Zeit schmerzhaft erfahren mußten.

Wenn Sie bereits Führungskraft sind, so suchen Sie sich den Punkt heraus, wo Sie noch am schwächsten sind, und bekämpfen Sie diese Schwäche ganz entschieden. So erzielen Sie den größten Erfolg.

Wenn Sie aber erst ein Führer werden wollen, so sei Ihnen gesagt, daß Sie sich diese Eigenschaften unbedingt zu eigen machen müssen, sonst ist der Mißerfolg vorprogrammiert.

---

So, und nun gehen Sie los und werden ein »Führer«. Denn wie Sie bereits wissen, hat nur der Führer Anspruch auf Macht, Erfolg und Reichtum!

---

# Kapitel 8

# Beispiel
# John D. Rockefeller

Wer kennt nicht den Ausspruch bei einer Anschaffung, die über unsere finanziellen Verhältnisse geht: »Bin ich vielleicht Rockefeller?«

So wie Sie haben Millionen von Menschen diesen Ausspruch schon einmal getan, ohne sich jemals über diesen Mann, der einmal der reichste der Welt war, länger als den Bruchteil einer Sekunde Gedanken zu machen.

Lesen Sie nun seine erstaunliche Lebensgeschichte: Die Geschichte des Milliardärs John D. Rockefeller.

John D. Rockefeller wurde 1839 in einem Bauernhaus in der Nähe von Moravia im Westen des Staates New York geboren. Sein Vater William hielt es weder mit der ehelichen Treue sehr genau, noch war er seinen Kindern ein vorbildlicher Vater.

William A. Rockefeller war ein stattlicher Mann, der stets eine Brokatweste und eine Diamantkrawattennadel trug und der um Banken stets einen großen Bogen machte, da er bei diesen immer mit mehr oder weniger großen Beträgen in der Kreide stand.

Was der Vater beruflich machte, wußte eigentlich niemand so genau. Er verschwand oft für lange Zeit und überließ seiner Ehefrau Eliza die Sorge für die Erziehung der Kinder.

Wenn er dann zurückkam, hatte er gewöhnlich die Taschen voller Geld und überhäufte seine Frau und seine Kinder mit Geschenken. Erst sehr viel später erfuhr John D. Rockefeller, daß sein Vater ein Scharlatan war.

William A. Rockefeller zog nämlich als angeblich Taubstummer durch die Indianergebiete. Taubstumm zu sein war für die Indianer ein Zeichen für übernatürliche Kräfte, und so konnte er ihnen allerlei Schund verkaufen.

Später entdeckte William A. Rockefeller allerdings ein weitaus lukrativeres Betätigungsfeld, und zwar auf dem pharmazeutischen Sektor.

Von diesem Zeitpunkt an besuchte er regelmäßig die Versammlungen der Wanderprediger und präsentierte sich dort als Spezialist für Krebserkrankungen.

Er verteilte seine Geschäfts- und Visitenkarte mit dem Aufdruck:

»Dr. William A. Rockefeller, berühmter Krebsspezialist, nur einen Tag lang anwesend.

Heilt alle Arten von Krebs und verschafft den Kranken sofortige und spürbare Erleichterung.«

Den Gewinn, den er mit dem Verkauf eines »Wunderelixiers« verdiente, machte er durch die Gutgläubigkeit von einfachen Menschen.

Dieses Mittel verkaufte sich ausgezeichnet, und obwohl seine Konsultationen teuer waren, fanden sie regen Zulauf.

John dagegen hatte viel mehr von seiner Mutter. Ein schmales, fast ausdrucksloses Gesicht, leidenschaftslose Augen, zu einem Strich zusammengepreßte Lippen, die zum Schweigen geradezu prädestiniert waren.

Frederick Gates, sein späterer Beichtvater und Finanzberater, sagte diesbezüglich einmal:

»Wenn er schon in der Wahl seiner Worte sehr pedantisch war, in der Wahl seines Schweigens war er es mindestens ebenso.«

John D. Rockefeller erbte von seiner Mutter nicht nur das Äußere, er bekam auch jene calvinistischen Moralvorstellungen eingetrichtert, die ihr eigen waren.

Sie war sehr streng in ihrem Benehmen und von einer extremen Frömmigkeit. Außerdem haßte sie jede Art von Verschwendung.

1853 zog die Familie nach Cleveland, eine ehemals große Hafenstadt am Eriesee. Für John D. Rockefeller war dies die Offenbarung. Hier wurde sein ohnehin schon vorhandenes Interesse für die Welt der Finanzen erst richtig angeheizt.

Schon sehr früh zeichnete sich bei ihm eine gewisse Begabung für finanzielle Transaktionen ab. Als Kind verdiente er sich durch den Verkauf von bemalten Kieselsteinen bei seinen Klassenkameraden ein wenig Geld.

Anstatt dieses Geld aber wieder auszugeben, sammelte er

es in einem Topf, den er in seinem Zimmer versteckte. Das war nach eigenen Angaben sein erster Tresor.

Aufgrund dieser Finanzgeschäfte hatte der junge John bald die hübsche Summe von 50 Dollar zusammen.

Diese 50 Dollar sollten für die Richtung, die der Junge einschlagen würde, bestimmend sein.

Ein Farmer aus der Nachbarschaft brauchte nämlich genau diese Summe, um eine dringende Schuld zu begleichen.

Der kleine Rockefeller bot ihm großzügig sein Erspartes an... zu sieben Prozent Zinsen. Der Farmer willigte ein, wahrscheinlich nicht ohne das Kind, das so gut rechnen konnte, zu verfluchen.

Für John war es eine ungeheure Entdeckung, als er ein Jahr später das geliehene Kapital mit zusätzlich 3,50 Dollar Zinsen zurückbekam.

An diesem Tag schrieb Rockefeller in sein Tagebuch:

> »Ich faßte den Entschluß, das Geld für mich arbeiten zu lassen.«

Er hatte entdeckt: »Geld bringt Geld«, und so entsteht Kapital.

Von nun an führte der Junge in einem Heft, das er »Register A« nannte, mit Hingabe Buch über seine Gewinne. Es gibt Leute, die behaupten, John D. Rockefeller habe gegen Ende seines Lebens nicht selten mit verlorenem Blick liebevoll in diesem Heft geblättert, durch das er sich in seine Kindheit zurückversetzt fühlte.

Dieses »Register A« ist eine Art Autobiographie Rockefellers, denn die Zahlen sind in seinen Augen mit einer geheimnisvollen Macht ausgestattet und sagen seiner Meinung nach mehr als tausend Worte.

Eine seiner Devisen lautete:

Lassen Sie Zahlen sprechen. Sie sagen Ihnen die unverblümte Wahrheit und offenbaren Ihnen die Zukunft.

Cleveland war ein idealer Nährboden für Rockefellers Geschäftssinn. Nach dem Unterricht streifte er durch die Docks und genoß die fiebrige Atmosphäre der Umschlagplätze.

1855 verließ Rockefeller die Volksschule und beschloß sich in dieses für ihn so faszinierende Leben zu stürzen.

Seine erste Anstellung fand er am 26. September 1855 bei Hewitt & Tuttle, einem Maklerunternehmen für Getreide und andere landwirtschaftliche Produkte.

Dies war ein entscheidender Tag in seinem Leben.

Morgens um halb sieben saß er schon an seiner Arbeit in der Buchhaltung und verlor sich in einem Meer von Zahlen, seinem ganzen Entzücken.

Er war von einem derartigen Arbeitseifer, daß seine Vorgesetzten sich tagtäglich zu dem guten Fang, den sie mit diesem Angestellten gemacht hatten, beglückwünschten.

Der junge Mann machte die Geschäfte zu seiner Religion. Abends im Bett ging er in Gedanken noch einmal alle Transaktionen des Tages durch, ständig darum bemüht, noch effektivere Lösungen zu finden.

Immer wieder sagte er sich: »Du hast deine Chance. Doch Vorsicht! Hochmut kommt vor dem Fall. Keine Hektik, kein falscher Schritt.«

*Disziplin, Ordnung und ein genaues Haben- und Schulden-Konto!*

1858 verdiente er 600 Dollar im Jahr. Doch da er sich seines Wertes für die Firma bewußt war, verlangte er eine Gehaltserhöhung von jährlich 200 Dollar, was seine Vorgesetzten ohne Umschweife ... ablehnten.

Er beschloß daraufhin, sein eigenes Geschäft aufzumachen, und zwar zusammen mit Maurice Clark, einem Engländer, der zwölf Jahre älter war als er und bei einem anderen Maklerunternehmen angestellt war.

Rockefeller hatte 800 Dollar gespart, doch um sich selbständig zu machen, fehlten ihm noch 1000 Dollar. Er wandte sich deshalb an seinen Vater, um sich von ihm diese Summe zu leihen.

Sein Vater war zwar damit einverstanden, forderte aber boshafterweise zehn Prozent Jahreszins, bis sein Sohn volljährig war.

Rockefeller war damals 18 Jahre alt. Im übrigen mußte der junge Mann zu Beginn seiner Karriere noch des öfteren finanzielle Unterstützung von seinem Vater in Anspruch nehmen, der jedesmal die gleichen Wucherzinsen forderte.

Später schrieb Rockefeller zu diesem Thema:

»Diese kleine disziplinarische Maßnahme sollte mir guttun. So konnte ich meinem Vater beweisen, daß ich zu finanziellen Transaktionen überhaupt fähig war.«

Die Firma Clark & Rockefeller machte im ersten Jahr einen Umsatz von 450.000 Dollar und Gewinne von 4000 Dollar. Das zweite Jahr war mit einem Gewinn von 17.000 Dollar sogar noch ertragreicher.

Bereits 1859, zwei Jahre vor dem Ausbruch des Bürgerkrieges, hatte Edwin Drake in Titusville in Pennsylvania eine Ölbohrung vorgenommen.

Die Entdeckung Drakes löste einen wahren Sturm auf das Erdöl aus. Für zahlreiche Geschäftsleute war das die Gelegenheit, ihr Geld zu investieren. Dieser »Boom« des »schwarzen Goldes« dauert, wie wir wissen, bis zum heutigen Tage an, und die Ölscheichs in den arabischen Ländern zählen heute zu den reichsten Männern der Erde.

Auch Rockefeller war von diesem Markt tief beeindruckt. Sein Scharfblick ließ ihn allerdings sofort erkennen, daß das Geld auf dem Gebiet des Transportes und der Raffinerie zu verdienen war und nicht so sehr bei der Bohrung.

Da das Transportwesen, das sich damals in der Hauptsache auf die Eisenbahn bezog, zu diesem Zeitpunkt noch nicht organisiert war, zog Rockefeller es vor, auf einen günstigeren Zeitpunkt zu warten.

1861 brach der Bürgerkrieg aus. Wenn dieser Krieg auch für die meisten Leute nur Unglück und Elend brachte, für die Firma Clark & Rockefeller war er ein Segen.

Alles war nur eine Sache der Organisation, der Methode, der Finesse, der knallharten Vertragspolitik, alles Dinge, die Rockefeller meisterhaft beherrschte. Der Erfolg war gesichert.

Rockefeller zeigte auch bei diesen Geschäften den inneren Ernst, der ihm von Natur aus mitgegeben war. Er war von einer Frömmigkeit, die er niemals ablegen sollte, und besuchte regelmäßig die Kirche.

Er spendete auch regelmäßig einen Teil seiner Gewinne der Kirche, selbst, als er längst schon Multimillionär geworden war.

Zwei Jahre später verlängerte die Atlantik-West-Eisenbahngesellschaft ihre Eisenbahnlinie bis Cleveland, wobei die Strecke mitten durch die Ölfelder führte.

Der Augenblick war gekommen!

Zu diesem Zeitpunkt lernte Rockefeller einen weiteren Geschäftspartner kennen: Samuel Andrews. Dieser Mann verstand es, Rockefeller zu überzeugen, daß mit Erdöl eine Menge Geld zu verdienen sei und daß diese Branche der Wachstumsmarkt Nummer eins in den nächsten Jahren sein würde.

Die Raffinerien in Cleveland schossen wie Pilze aus dem Boden, und die Stadt wurde zu einem der wichtigsten Ölzentren.

Rockefeller interessierte sich nun mehr und mehr für das Ölgeschäft.

Seine eiserne Disziplin zahlte sich geschäftlich aus. In einer Stadt voller gerissener Geschäftemacher galt er als einer der besonnensten und cleversten.

Er, der zu Anfang die meisten Bedenken in der Gruppe gehabt hatte, wurde nun zur treibenden Kraft. Eine weitere Devise lautete:

---

Die goldene Regel des Erfolgs heißt Expansion!

---

Clark weigerte sich hartnäckig, diesen Weg zu gehen, und so gab es nur einen Weg: die Versteigerung der Firma.

Dieses denkwürdige Ereignis fand am 2. Februar 1865 statt:

Die Gebote wurden bis in die Höhe von 72.000 getrieben. Als Rockefeller dann 72.500 Dollar bot, zog niemand mehr nach, und das Geschäft gehörte ihm alleine.

An diesem Tag tanzte Rockefeller in seinem Büro vor Freude, denn er wußte genau, daß jetzt der Weg zu Reichtum und Erfolg vorgezeichnet war. Niemand anderer konnte ihm in seine Geschäfte mehr hineinreden.

Die Firma, die von nun an unter dem Namen »Rockefeller & Andrews« firmierte, wurde die größte Raffinerie Clevelands. Sie hatte eine Kapazität von 500 Barrel am Tag.

Diese Kapazität wurde in den folgenden Jahren noch weiter ausgebaut, ein Zeichen dafür, daß Rockefeller absolutes Vertrauen in die Zukunft hatte. Er glaubte an die Expansion, die goldene Regel des Erfolgs.

Er schwor sich, dem Schicksal seinen Willen aufzuzwingen.

»Die Fähigkeit, mit Leuten umzugehen, ist wie eine Ware, die man wie Zucker oder Kaffee kauft.

Und für diese Fähigkeit zahle ich mehr als für jede andere auf der Welt.«

»Mit Leuten umgehen« schließt sowohl die eigenen Mitarbeiter wie auch die Kunden und Geschäftspartner ein. Das verstand Rockefeller glänzend.

Und so konnte er mit der Bahngesellschaft günstige Tarife aushandeln, indem er die starke Position der Firma Rockefeller & Andrews in die Waagschale warf.

Für die Bahn bestand das Problem im Öltransport nämlich darin, regelmäßig Fracht zu bekommen. Nur die Raffinerie Rockefeller & Andrews war in der Lage, dies zu garantieren. Die Eisenbahnspediteure hatten kaum eine Wahl. Sie beugten sich seinen Forderungen. Als die Sache herauskam, rollte natürlich eine Welle des Protestes an. Doch das nützte nichts. Rockefeller war bereits zu mächtig.

Diese vorteilhaften Rabatte waren eine weitere Waffe in Rockefellers ohnehin schon gutbestücktem Arsenal.

Aber es kam noch eine weitaus stärkere Waffe dazu. Am 10. Januar 1870 gründete Rockefeller eine neue Gesellschaft: die Standard Oil Company.

Bereits ein Jahr später war die Standard Oil Company eine der größten Ölraffinerien der Vereinigten Staaten. Und Rockefeller webte ein riesiges Spinnennetz von kleineren Raffinerien, die ebenfalls mit ihm zusammenarbeiteten.

Aufgrund dieser Größe konnte er der Eisenbahn seine Konditionen diktieren. Während der allgemeine Transporttarif bei 2,50 Dollar lag, hatte die Standard Oil einen Vorzugstarif von 1,25 Dollar.

Diese Geschäftsstrategie war geradezu genial. Je ärmer die Konkurrenz wurde, desto reicher wurde Rockefeller. Und das war genau das, was er beabsichtigte.

Das Ergebnis war, daß er innerhalb von drei Monaten 22 der 25 Raffinerien von Cleveland aufgekauft hatte. Die Standard Oil raffinierte jetzt ein Viertel der gesamten Ölproduktion der Vereinigten Staaten.

Als Rockefeller nach zwei Jahren Bilanz zog, hatte er 15 Raffinerien in New York, zwölf in Philadelphia, 22 in Pittsburgh und 27 andere in der Region.

Am Ende des dritten Jahres gab es nur noch eine Raffinerie: die Standard Oil. Der Trust war geboren, der das absolute Monopol besaß und die Preise diktieren konnte.

Rockefeller führte genau das durch, was zur Zeit viele Firmen in Hinsicht auf ein gemeinsames Europa tun. Sie expandieren mit allen Mitteln, um als Marktführer einer Branche die Preise zu diktieren.

Im April 1878 legte Direktor Flager dem Verwaltungsrat eine Studie vor, die besagte, daß in den USA am Tag 36 Millionen Barrel Erdöl raffiniert würden.

33 Millionen davon raffinierte die ... Standard Oil.

Rockefeller war das geworden, was er immer hatte werden wollen: der Napoleon des Kapitalismus.

Er hatte diesem Kapitalismus ein Denkmal gesetzt. Die Stärke Rockefellers lag *nicht in der Innovation,* sondern in der *Methode* und in der *Organisation.*

Seine Devise in bezug auf Mitarbeiterauswahl lautete:

---

Spitzenkräfte auf Spitzenpositionen.

Diese Regel sollten Sie unbedingt beherzigen, falls Sie sich selbständig machen wollen oder es bereits sind. Suchen Sie sich gute Leute und setzen Sie diese in verantwortliche Positionen ein.

Nur so kann ein Unternehmen jemals erfolgreich sein.

Mit diesem Prinzip baute sich Rockefeller das größte Finanzimperium auf, das jemals existierte. Die Führungsmannschaft war eine Ansammlung der fähigsten Finanzleute der USA.

Allesamt Millionäre, die für die Standard Oil arbeiteten.

Doch Reichtum schafft auch viel Neid. Auch dies werden Sie bald erfahren. Und auch ein Rockefeller blieb davon nicht verschont. Als die Regierung der USA erkannte, daß der Trust das alleinige Monopol besaß, versuchte die Regierung ihn mit allen Mitteln und Gesetzen aufzulösen.

Die Regierung setzte sich schließlich gegen den Giganten durch. Man teilte den Trust in 39 kleinere, theoretisch voneinander unabhängige Unternehmen auf.

Seltsamerweise wirkte sich diese Maßnahme komplett anders aus als erwartet. Die Aktien der kleineren Gesellschaften stiegen um das Drei- bis Vierfache, so daß der alleinige Hauptaktionär John D. Rockefeller innerhalb kurzer Zeit um ein Vielfaches reicher war als vorher.

Und die Börsenmakler an der Wall Street, die natürlich glänzende Gewinne mit einer solchen Kurssteigerung machten, erfanden einen Börsenwitz:

»O lieber Gott, gib, daß der Trust noch ein zweites Mal aufgelöst wird.«

Und so vergingen die Jahre, und Rockefeller setzte einen großen Teil seines Vermögens für wohltätige Zwecke ein. Er gründete die Rockefeller-Stiftung, das wohl größte Wohltätigkeitsunternehmen der Welt.

Trotz seines vorgerückten Alters hatte er keineswegs seinen Humor verloren. Und so sagte er einmal bei einer Massage, bei der er seine Knochen krachen hörte: »Ich besitze alles Öl dieses Landes und habe nicht einmal genug davon, um meine Gelenke zu schmieren.«

John Davison Rockefeller verstarb im Jahre 1937 als reichster Mann der Welt.
Eine seiner Devisen lautete:

---

Wer aufgehört hat zu gewinnen, fängt an zu verlieren.

---

Auf dem Weg durch das Leben kann man nicht immer den Wind im Rücken haben, man muß auch damit rechnen, Gegenwind zu bekommen, gegen den es anzukämpfen gilt.
Es ist nicht wichtig, schnell voranzukommen, aber es ist wichtig, überhaupt weiterzukommen, und wenn es jeden Tag nur ein ganz kleines bißchen ist.
*Stillstand bedeutet Rückschritt.* Deshalb muß man jeden Tag immer ein kleines bißchen besser sein als am vorherigen.

# Kapitel 9

# Goldene Rezepte für den Erfolg

# Wie mache ich aus einem Jahr 13 Monate?

Wenn Sie nicht daran gewöhnt sind, hart zu arbeiten, dann gehen Sie schrittweise vor.

Steigern Sie ganz allmählich Ihr Arbeitstempo. Zu Anfang arbeiten Sie am Tag nur eine Stunde mehr. Sie werden bestimmt nicht daran sterben.

Am Ende dieser Woche haben Sie sieben Stunden mehr für Ihren zukünftigen Erfolg gearbeitet. In einem Jahr sind dies 250 Stunden.

Eine Arbeitswoche hat normalerweise 40 Stunden, oft schon weniger. Bei 250 Stunden zusätzlicher Arbeit haben Sie im Jahr mehr als sechs Wochen gewonnen.

So hat Ihr Jahr jetzt 58 Wochen anstatt nur 52. Sehen Sie jetzt, wie einfach das ist?

Damit haben Sie sich einen ungeheuren Vorsprung herausgeholt gegenüber denen, die nur Arbeit nach Vorschrift machen. Jetzt rechnen Sie das Ganze mal mit zwei Stunden zusätzlicher Arbeit am Tag durch. Oder gar mit drei.

Verstehen Sie jetzt, warum die dümmste Ausrede der Welt lautet: »Ich habe keine Zeit«?

---

## Die Ausdauer wird zur Gewohnheit!

Man muß sich das Ziel, das vollendete Werk vor Augen führen. Dadurch wird nicht nur die Ausdauer und die Schaffensfreude gesteigert, sondern auch die sich immer wieder einschleichende falsche Müdigkeit besiegt.

Man muß durchhalten; die ersten Anzeichen von Müdigkeit dürfen nicht einfach akzeptiert werden, ein erster Mißerfolg darf nicht zum Rückzug verlocken. Denn im Rückzug liegt zweifellos eine Verlockung.

Kennen Sie das, wenn man sich beim 10 000-Meter-Lauf nach ca. 7000 bis 8000 Metern fragt, wofür die ganze Schinderei eigentlich gut ist?

Oder wenn man eine Diät macht und tagelang hungert, um

schließlich, nachdem man einmal wieder normal gegessen hat, sein altes Gewicht wieder zu erreichen?

Man fragt sich, was soll das Ganze? Wenn ich jetzt aufgebe, brauche ich nicht weiter zu kämpfen.

Sich solchen Gedanken hinzugeben, ist außerordentlich gefährlich.

Man muß Anstöße geben, der inneren Energie nachhelfen, das große Ziel immer wieder vor Augen sehen.

Dieses große Ziel in mehrere Teilziele aufteilen. Wenn dann ein kleiner, noch so kleiner Erfolg kommt, setzt die Begeisterung ein wie ganz zu Anfang, als Sie das Unternehmen noch planten, und schon ist die Trägheit verflogen.

*Was immer die Ursache ist, Schwierigkeiten sind da, um überwunden zu werden.*

Man darf nur nicht schwach werden, nicht aufgeben, die Herrschaft über die eigene Person nicht verlieren.

---

Sich nicht gehenlassen!

---

Machen Sie nicht halt vor einem Hindernis, sondern springen Sie darüber hinweg. Und haben Sie einmal widrige Umstände überwunden, so wird Ihnen das helfen, beim nächsten Mal das gleiche zu tun.

Im Laufe Ihres Lebens wird diese Hartnäckigkeit, diese Ausdauer und Kraft zur Überwindung von Hindernissen Sie so stählen, daß es Ihnen immer leichter fallen wird, die Hürden zu nehmen.

Man gewöhnt sich daran, Ausdauer zu haben, und wie Sie bereits wissen, ist der Mensch ein »Gewohnheitstier«.

Beißen Sie die Zähne fest zusammen, und erledigen Sie auch unangenehme Dinge sofort und ohne Aufschub. Das ist wahre Charakterstärke.

---

Weigern Sie sich aufzugeben, bevor Sie Ihr Ziel erreicht haben!

---

Beim Sport ist es für jeden normalen Menschen logisch, daß nur der Erfolg hat, der regelmäßig trainiert, der immer wieder seine Schwächen korrigiert, so lange, bis er perfekt die Technik beherrscht, um vielleicht eines Tages, einmal im Leben, auf einem kleinen Siegertreppchen zu stehen und eine Medaille um den Hals zu bekommen.

Im Augenblick des Sieges sind die ganzen Strapazen vergessen, die ganze Anstrengung und auch der ganze Frust, die während der langen Vorbereitungszeit das Training begleiteten.

Nur beim finanziellen Erfolg setzt bei vielen Menschen die Logik aus.

Hier glauben sie, daß der Erfolg wie ein Wunder über Nacht kommen müsse. Am besten mit einem Lottoschein oder mit der Teilnahme an einem Preisausschreiben.

Und die Medien tun ein weiteres dazu, indem sie jede Woche in der Zeitung schreiben, daß irgendwo in Deutschland wieder jemand ein paar Millionen im Lotto gewonnen hat.

Und so geben die meisten Leute am Freitag wieder ihren Lottozettel ab, um dann am Samstag festzustellen, daß es mal wieder nicht geklappt hat mit dem »Millionär«.

Und deshalb:

---

Verlassen Sie sich nicht auf Ihr Glück, sondern auf Ihr Können!

---

Im Grunde gibt es sehr wenige Gefahren und Schwierigkeiten in dieser Welt, auch wenn Pessimisten ständig von großen Gefahren reden. Auch wenn die Medien oft nur negative Schlagzeilen schreiben.

Es ist einfach interessanter, über Negatives oder Schreckliches zu berichten als über positive Dinge. Das steigert die Auflage und den Absatz der Printmedien bzw. die Einschaltquoten.

Es liegt einfach in der Natur des Menschen, sich immer vor irgendwelchen Dingen bewußt oder unbewußt zu fürchten. Und wenn es nur ein ungutes Gefühl bei manchen Dingen

ist. Der Satz »Ich habe bei dieser Sache kein gutes Gefühl«
ist fast schon sprichwörtlich.

Aber es gibt nur sehr, sehr wenige Hindernisse, die ein
Mensch, der dies tatsächlich will, mit einiger Anstrengung
nicht auch wirklich überwinden kann.

Wenn man Ihnen einen Schlag versetzt, nun denn, stehen
Sie wieder auf und sagen: »Beim nächsten Mal wird es besser klappen.«

Glauben Sie uns. Das ist wirklich so. Sie werden in Ihrem
Leben nie Großes leisten, wenn Sie die Gewohnheit haben
aufzugeben.

Warum zwingen Sie das Schicksal nicht, sich vor Ihnen zu
verbeugen?

Das Unglück und das Mißgeschick sind in Wahrheit oft sehr
nützlich, wir sehen das bloß nicht immer ein.

Erst wenn wir Abstand gewinnen, können wir erkennen,
daß auch tragische Umstände durchaus ihre guten Seiten
haben, uns voranbringen können auf unserem Lebensweg.

## Üben Sie Konzentration

Konzentration ist einer der wesentlichen Schlüssel zum Erfolg, und zwar ganz gleich auf welchem Gebiet.

Man kann auch behaupten, daß jemand, der sich nicht konzentrieren kann, der geistig zerstreut ist, niemals erfolgreich
sein wird.

Alle reichen Leute haben ein hohes Maß an Konzentrationsfähigkeit bewiesen. Howard Hughes galt zwar als ex-
travaganter Milliardär, und seine engsten Vertrauten haben
diesen Eindruck auch bestätigt, doch was man im allgemeinen außer acht läßt, ist seine außergewöhnliche Konzentrationsfähigkeit.

Hughes arbeitete persönlich bei seinen Filmen mit, angefangen bei der Redaktion des Drehbuchs bis zur Regie, und zwar manchmal 24 Stunden hintereinander.

Auch Honda ist ein extremes Beispiel für diese Art von außergewöhnlicher Konzentrationsfähigkeit, wie der folgende Auszug aus seiner Biographie beweist.

»Ich ließ mich von meiner Arbeit als angehender Erfinder völlig aufsaugen. Niemand hätte mich in meiner Konzentration stören können. Auf irgendwelche Fragen von Freunden oder Bekannten antwortete ich nur höflichkeitshalber und relativ oberflächlich.

Ich ließ mich einfach bei meiner Arbeit nicht stören und war so in sie vertieft, daß ich jedes Zeitgefühl verlor.«

Sie werden sagen: »Das ist ja alles gut und schön, aber ich kann mich nun einmal nicht konzentrieren.« Sie bedauern das auch ständig, da Sie sich durchaus bewußt sind, wie sehr Ihnen das schadet.

Doch keine Angst, es gibt ganz einfache Übungen, mit deren Hilfe Sie Ihre Konzentration enorm steigern können.

Als erstes müssen Sie wieder eine neue Formel in Ihre Autosuggestionsübung, die Sie ja ab sofort jeden Morgen und Abend machen, einbauen:

---

Meine Konzentrationsfähigkeit wird von Tag zu Tag besser. Ich kann deshalb alle meine Aufgaben schneller und effektiver erledigen!

---

Mit der Aufstellung Ihrer neuen Formel, die Sie ab jetzt zu Ihren anderen Erfolgsformeln hinzufügen und sich immer wieder aufs neue einprägen, haben Sie bereits den ersten und entscheidenden Schritt in Richtung »bessere Konzentration« getan.

Die zweite Übung ist eine praktische. Sie ist sehr leicht anzuwenden und steigert Ihre Konzentration auf spektakuläre Weise.

*Konzentrationsübung:*
Zeichnen Sie einen schwarzen Punkt von einigen Zentime-

tern Durchmesser auf ein Stück Pappe, das Sie an der gegenüberliegenden Wand befestigen.

Setzen Sie sich bequem hin, und atmen Sie ganz ruhig. Fixieren Sie nun den Punkt, und zwar möglichst, ohne zu blinzeln.

Nach einiger Zeit werden Ihnen die Augen brennen und zu tränen anfangen.

Schließen Sie die Augen, öffnen Sie sie dann wieder, und beginnen Sie von vorne. Sie brauchen keine Angst zu haben, die Übung schadet den Augen nicht. Im Gegenteil, der Sehnerv wird vielmehr dadurch gestärkt, was sich bei bestimmten Augenkrankheiten sogar positiv auswirken kann.

Darüber hinaus bekommen Ihre Augen einen ganz speziellen Glanz, durch den sich die Leute in besonderer Weise angezogen fühlen werden und der Ihnen eine natürliche Autorität verleiht.

Beginnen Sie zunächst mit ein paar Minuten – zwei oder drei. Dann ziehen Sie diese Übung in die Länge. In der ersten Woche allerdings nicht länger als fünf Minuten.

Steigern Sie dies langsam. Wenn Sie nach einiger Zeit 20 Minuten schaffen, ist Ihre Konzentrationsfähigkeit ausgezeichnet.

Sie werden schon am ersten Tag einen beachtlichen Erfolg spüren, obwohl Sie erst ein paar lächerliche Minuten geübt haben.

Diese Übung bewirkt vielerlei, mag sie auch noch so einfach erscheinen. Lassen Sie sich nicht täuschen.

Zunächst einmal wird selbstverständlich Ihre Konzentrationsfähigkeit enorm gesteigert. Sie können sich besser und länger konzentrieren.

Probleme, die vorher kompliziert aussahen, werden Ihnen nun einfach erscheinen. Sie werden sozusagen schneller denken können. Wozu Sie früher drei Stunden brauchten, das werden Sie nun problemlos in einer Stunde schaffen.

Und Sie werden es besser machen, genauer und planvoller. Mit dieser Übung trainieren Sie auch Ihr Gedächtnis und verbessern Ihre Urteilskraft.

Außerdem verhilft Ihnen eine erhöhte Konzentration zu mehr Geistesgegenwart, denn wenn man konzentriert ist, erfaßt man die jeweilige Situation auf einen Blick.

Sie gewinnen an Schlagfertigkeit. Die passende Antwort, die Ihnen sonst immer erst hinterher einfiel, haben Sie nun sofort parat.

Und Sie werden günstige Gelegenheiten, die Sie früher möglicherweise verpaßt haben, sofort erkennen und beim Schopfe packen.

Die Übung hat noch einen Nebeneffekt. Sie fördert die Intuition, den sogenannten »guten Riecher«, auf den, wie wir wissen, es so oft ankommt.

Manch einer von Ihnen wird nun behaupten, daß er nicht die Zeit hat, 20 Minuten täglich diese Übung anzuwenden, die übrigens am besten gleich morgens nach dem Aufstehen durchgeführt werden sollte.

Doch in den vorherigen Kapiteln haben Sie die »dümmste Ausrede der Welt« bereits kennengelernt.

Denn sehen Sie die Vorteile: Je mehr im Laufe des Tages auf Sie einstürmt, desto stärker werden Sie die Notwendigkeit empfinden, diese Übung zu machen. Das geht so weit, daß diese Konzentrationsübung dann, wenn Sie wirklich »keine Minute mehr Zeit haben«, zur zwingenden Notwendigkeit wird.

Wenn Sie erst einmal festgestellt haben, was diese phantastische Übung für Sie bringt, dann werden Sie sie fest in Ihren Tagesablauf einplanen.

Denn damit rücken Sie dem Erfolg ein ganzes Stück näher!

**Wenn Sie sich ein Ziel gesetzt haben, dann halten Sie bis zum Erfolg durch!**

Diesen Satz haben Sie sich nun bereits zum Gesetz gemacht. Sie wissen, daß es wichtig ist, daß Sie sich zur Ausdauer erziehen und sich vor allem auch die Einstellung zu eigen machen müssen, daß jeder Mißerfolg nur einstweiligen Charakter hat. Mißerfolg ist nur ein Markierungspunkt auf dem sicheren Weg zum Erfolg.

Viele Leute scheitern, weil sie vorzeitig ausgestiegen sind, obwohl der Erfolg ohne ihr Wissen schon zum Greifen nah war. Es hätte vielleicht nur noch *ein einziger Schritt* gefehlt, und sie wären am Ziel gewesen.

Diesen »einzigen Schritt« nennen die Amerikaner »extra mile«.

Und wenn Sie eines Tages wirklich glauben, daß überhaupt nichts mehr geht, daß Sie nicht mehr weiterkommen, daß Ihr angestrebtes Ziel noch viel zu weit weg ist, dann denken Sie an das Prinzip der »extra mile«: an den einen Schritt über die Niederlage hinaus.

Die meisten Leute können, rückblickend auf ihr Leben, bestätigen, daß sie um ein Haar am Erfolg vorbeigelaufen wären, wenn sie zu einem bestimmten Zeitpunkt der Versuchung nachgegeben hätten, alles hinzuwerfen.

In dem bekannten Buch »Der beste Verkäufer der Welt« finden wir eine Passage, die sehr deutlich macht, daß allzu große Ungeduld meist nichts bringt, da der Erfolg sich oftmals wie eine kapriziöse Diva gebärdet.

Aber der Sieg gehört letztendlich immer dem, der nicht aufgibt.

Der Lohn für alle Anstrengungen winkt immer erst am Ende des Parcours, nicht schon am Anfang.

Und wie viele Etappen notwendig sind, um das gesteckte Ziel zu erreichen, das läßt sich zu Beginn nicht sagen.

Vielleicht wartet bei der 1000. Etappe ein Mißerfolg auf Sie, und trotzdem wird der Erfolg sich einstellen. Möglicherweise versteckt er sich schon hinter der nächsten Wegbiegung.

Wenn Sie nicht weitergehen, werden Sie nie wissen, wie nahe Sie dem Erfolg sind. Sie werden jedoch immer noch einen Schritt weiter wagen. Und wenn das nichts bringt, gehen Sie noch einen Schritt weiter, und dann noch einen und noch einen.

Ein Schritt nach dem anderen, das ist wirklich nicht schwer.

»Wer 1000 Schritte tun will, fängt mit einem Schritt an.«
Denken Sie immer daran. Der Erfolg stellt sich manchmal
erst beim 1000. Schritt ein, vielleicht auch schon beim 100.
Vielleicht sind Sie schon bis auf ein paar Schritte herange-
kommen.

*Machen Sie nicht den Fehler, beim 999. Schritt haltzuma-
chen, einen Schritt vor dem Erfolg.*

# Das Glück vom Talent unterscheiden

*Ist geschmolzenes Eis ein Glück?*
An einem sehr warmen Sommertag macht eine Gruppe Jugendlicher ein Picknick auf einer Insel im Bundesstaat Wisconsin/USA.

Eines der jungen Mädchen beklagt sich, daß es furchtbar heiß ist und sie gerne ein Eis hätte. Ein Junge aus der Gruppe, der junge Ole Evinrude, möchte dem Mädchen ein bißchen den Hof machen und ihm gefallen.

Er springt in ein Ruderboot und rudert zum Festland. Dort geht der junge Verehrer in einen Laden, kauft ein großes Eis und macht sich auf den Weg, zu der Insel zurückzurudern.

Beim Rückweg hat er nicht bedacht, daß der Wind ihm nun entgegenkommt, und trotz aller Anstrengung ist das Eis geschmolzen, noch ehe der Junge auf der Insel angekommen ist.

Ole Evinrude ärgert sich sehr darüber, denn nun war seine kurze Reise umsonst.

Er denkt sich: Warum hat bisher noch niemand einen Motor erfunden, der klein und handlich ist und den man an die Außenwand des Ruderbootes anschrauben kann?

Und er macht sich daran, Pläne zu zeichnen und diese in einer Prototypkonstruktion umzusetzen.

Genau ein Jahr später fährt auf demselben See vor einer staunenden Menschenmenge ein kleines Ruderboot, das von einem kleinen Außenbordmotor angetrieben wird.

Und das ist erst der Anfang eines beispiellosen geschäftlichen Aufstiegs von Ole Evinrude, der eine Firma zur Herstellung von Außenbordmotoren gründet.

Und jeder Besitzer eines Motorbootes in der Welt wird Ihnen sagen können, daß er den Namen »Evinrude« kennt.

Und so verdankt der junge Millionär seinen Reichtum – einem geschmolzenen Eis. Hätten Sie das gedacht?

*Die Erfindung der Glühlampe*

Thomas Edison hat genau ein Jahr Zeit, um zu beweisen, daß die Elektrizität und das »Licht«, wie er es nennt, einen Ersatz für die Gaslampe bieten können.

Und wie immer, wenn jemand mit einer komplett neuen Idee kommt, wird er erst einmal ausgelacht. Und da sich Edison von diesen Leuten nicht entmutigen läßt, beginnt er mit der Erfindung seiner »Glühlampe«.

Von mutigen Sponsoren hat er das Startkapital für seine Experimente bekommen. Und die großen Gasfirmen im Land machen es ihm bestimmt nicht leicht.

Sie haben die Städte Amerikas mit riesig langen Gasleitungen ausgestattet und gewaltige Investitionen getätigt. Und so beginnen sie Edison mit einer beispiellosen Negativpropaganda zu behindern.

Schließlich hat Edison einen großen Teil der Bevölkerung gegen sich, und seine Geldgeber beginnen sich um ihren Einsatz zu sorgen.

Das Prinzip der Glühlampe ist Edison klar. Er hat aber das Problem, daß der Glühfaden, trotz des Vakuums im Glas, immer wieder schmilzt oder verbrennt.

Er hat schon alle Metalle ausprobiert, um einen dauerhaften Glühfaden herzustellen – nichts. Dann beginnt er mit den Legierungen – wieder nichts.

Der Glühfaden hält nicht einmal ein paar Minuten einen durchfließenden Strom aus, der auch gleichzeitig genügend Licht gibt.

In den letzten Tagen vor Ablauf der gesetzten Frist geht ihm an seiner Jacke ein Knopf ab, und Edison hält einen Teil des Zwirnfadens, mit dem dieser angenäht ist, in seiner Hand.

Mehr aus Verzweiflung denn aus Überzeugung läßt er den Faden in einen Glashohlkörper einbringen und setzt ihn dann unter Strom.

Das Licht ist angenehm warm und leuchtet auch sehr hell. Und der Faden brennt auch nicht sofort durch. Als Edison am nächsten Morgen wieder nach seinem Licht schaut, leuchtet die Lampe immer noch.

Der Zwirnfaden seiner Jacke hält genau 224 Stunden. Er hat es geschafft.

Nun werden viele von Ihnen sagen: »Der Mann hatte Glück.« Aber kann man bei 10 000 vergeblichen Versuchen wirklich noch von Glück reden? Natürlich gibt es Glück. Aber Glück haben immer nur die Menschen, die vorher ausdauernd nach etwas gesucht haben.

Das Leben ist ein Geschicklichkeitsspiel! Ein Glückstreffer kann Ihnen helfen, ein Spiel zu gewinnen. Aber auf lange Sicht – und das können Sie uns glauben – gewinnen immer nur die Besten.

Den reinen Zufall in unserem Leben gibt es de facto also nicht. Alles ist ein Ergebnis aus Aktion und Reaktion. Unser Leben ist ganz bestimmten Regeln unterworfen.

**Bauen Sie Ihr eigenes Glück!**

Sobald der Mensch alt genug ist, um Entscheidungen zu treffen, kann er auch den Ablauf seines Lebens bestimmen. Als Kind muß er noch seinen Eltern gehorchen. Und die Wahl des Berufes wird auch oft noch vom Vater entscheidend mitbestimmt.

Doch bereits hier fängt es an. Wenn Sie mit Ihrem bisherigen Beruf nicht glücklich sind, so machen Sie sich doch auf die Suche nach einer neuen Tätigkeit. Niemand kann Sie daran hindern. Aber auch niemand kann Ihnen die Entscheidung abnehmen.

---

Die beste Methode, reich zu werden, ist immer noch die, etwas zu tun, wozu man Lust hat.

---

»Ich wäre gerne Geschäftsmann geworden, doch bis zum heutigen Tag hat sich noch keine Gelegenheit ergeben.«

»Ich habe immer davon geträumt, einmal Anwalt zu werden, aber mein Vater war damit nicht einverstanden, und so bin ich Beamter geworden.«

»Meine Arbeit langweilt mich, doch bei der großen Arbeitslosigkeit ist es besser, sich keine Illusionen zu machen.«

Kennen Sie diese Sätze? Haben Sie auch manchmal solche Gedanken? Nun, leider macht den meisten Leuten ihre Arbeit keinen Spaß. Das Schlimme daran ist aber, daß sie davon überzeugt sind, daß sie nichts dagegen tun können. Daß sie ihre Lage niemals ändern können.
Mit anderen Worten, sie sind vom Schicksal dazu verurteilt, ein mittelmäßiges Leben zu führen.
Wenn Sie sich nun selbst in dieser Situation befinden und Ihnen Ihre Arbeit keinen Spaß mehr macht, wenn diese eine Quelle ständiger Frustration ist, dann beantworten Sie doch einmal folgende Frage:
Ist es nicht schlimm, ja geradezu tragisch, sein Leben zu beenden, ohne je das gemacht zu haben, wozu man wirklich Lust hatte? Finden Sie nicht, daß Ihnen mehr zusteht? Daß die Gesellschaft Sie betrogen hat, wenn sie Ihnen das verwehrt, was Sie wirklich wollen?
Denken Sie einmal über einen ganz gewöhnlichen Tag in Ihrem Leben nach. Acht Stunden lang sind Sie damit beschäftigt, etwas zu tun, was Ihnen mißfällt, und acht Stunden schlafen Sie.
Es bleiben also noch acht Stunden, um sich zu erholen, in denen Sie versuchen, Ihre Frustration zu vergessen.
Nennen Sie das leben? Sicher nicht! Und trotzdem machen Sie so weiter? Nur weil Sie glauben, Sie hätten keine andere Wahl?
Diese Einstellung ist absolut falsch und gefährlich!
Nichts zwingt Sie dazu, eine Arbeit weiterzuführen, die Sie nicht mögen.
Es gibt auch für Sie eine Arbeit, die Sie begeistern kann und die mindestens soviel einbringt wie Ihre derzeitige, wenn nicht sogar mehr.

Und Sie werden sie finden, und zwar sehr schnell. Denn es ist eine Tatsache, daß genau die Leute, die Sie zur Zeit um ihr luxuriöses und unbeschwertes Leben beneiden, sich ebenfalls auf die Suche nach einer neuen Tätigkeit gemacht haben, die ihnen mehr Spaß macht.

Und nun, da Sie wissen, wie Sie vorzugehen haben, müssen Sie nur noch ein winziges Problem lösen:

## Bekämpfen Sie Ihre Angst

Wobei der Begriff »winziges Problem« maßlos untertrieben ist. Denn die meisten Menschen scheitern am Erfolg, weil sie schlicht und einfach Angst haben.

Doch wenn man seine Furcht besiegen will, muß man sie zuerst kennen. Denn wer einen Feind besiegen will, muß zuerst einmal dessen Gewohnheiten kennen.

Und so nennen wir Ihnen jetzt die sechs Hauptarten der Furcht, die einzeln bereits jeden Erfolg verhindern können. Doch wehe, wenn mehrere gleichzeitig auftreten, oder gar alle zusammen, so müssen Sie dringendst dagegen vorgehen.

Die sechs Hauptursachen der Furcht sind:

- Armut
- Kritik
- Krankheit
- verlorene Liebe
- Alter
- Sterben

Die ersten drei sind die wichtigsten im alltäglichen Leben und kommen in allen Varianten fast bei jedem Menschen mehr oder weniger vor.

Nun hat die Natur den Menschen mit einer wunderbaren Waffe gegen die Furcht ausgestattet: der Macht über seine Gedanken.

182

Es gibt zwei Wege in Ihrem Leben:
Sie heißen »Armut« und »Erfolg«. Beide Wege verlaufen in absolut entgegengesetzter Richtung. Für einen der beiden Wege sollten Sie sich entscheiden.

Wenn Sie sich für den Weg »Reichtum« entschieden haben, müssen Sie sich gegen jeden Umstand zur Wehr setzen, der Armut herbeiführen kann.

Falls Sie sich nach dem Lesen dieses Buches immer noch für den Weg der »Armut« entscheiden und glauben, daß diese Ihr unausweichliches Schicksal ist, dann seien Sie sicher, daß Sie Ihrem Schicksal nicht entgehen werden.

Sollten Sie sich aber für den Weg des »Reichtums« entscheiden, so versäumen Sie es nicht, dem Leben Ihre Forderungen zu stellen. Um Ihre Forderungen aber zu stellen, bedarf es einer richtigen geistigen Einstellung, und diese läßt sich mit Geld nicht erkaufen – Sie selbst müssen sie schaffen!

Die Furcht vor Armut ist nichts anderes als eine bestimmte geistige Einstellung.

Diese Furcht: – lähmt die Kraft des Verstandes
– tötet das Selbstvertrauen
– untergräbt die Begeisterungsfähigkeit
– verhindert jede Initiative
– löscht allen Enthusiasmus aus
– macht Selbstbeherrschung unmöglich

Diese Furcht: – tötet die Liebe
– knechtet die Beharrlichkeit
– zersetzt den Ehrgeiz
– verdunkelt das Gedächtnis
– untergräbt jede Freundschaft

Und das Schlimmste ist: sie lockt jeden Mißerfolg an, den man sich nur vorstellen kann.

Das Gespenst der Armut ist zweifellos unter allen das gefährlichste.

Diese Furcht müssen Sie unbedingt an erster Stelle bekämpfen. Sie ist gewissermaßen ein Urinstinkt von uns.

Fast alle Lebewesen, die auf einer niedrigeren Entwicklungsstufe stehen als der Mensch, werden von ihren Instinkten gelenkt. Aber den Menschen erniedrigt nichts so sehr wie die Armut.

Es gibt viele Formen der Furcht. Manche sind begründet, andere wachsen unbemerkt heran. Wenn Sie viele Menschen befragen, wovor sie am meisten Angst haben, so sagen die meisten: »Ich fürchte mich vor nichts.«

Leider sind diese Menschen nicht ehrlich zu sich selbst. Sie reden sich das nur ein. Nur wenige sind sich nämlich bewußt, daß sie von irgendeiner Art von Furcht seelisch belastet werden.

Diese unbewußten Angstgefühle sind oft so tief verwurzelt, daß sie uns unerkannt das Leben hindurch belasten. Noch schlimmer, sie blockieren oft manche Aktivität.

Nur die rücksichtslose Selbsterforschung vermag diesen schlimmsten Feind der Menschheit aufzustöbern.

Manch einer von Ihnen wird fragen, warum wir den Reichtum immer nur mit Geld bemessen. Sie sagen zu Recht, daß es noch größere und begehrenswertere Reichtümer gibt als bloßes Kapital auf dem Konto.

Trotzdem gibt es Millionen von Menschen, die auf dem Standpunkt stehen: »Geben Sie mir soviel Geld, wie ich brauche, dann werde ich mir selbst alle Wünsche erfüllen.«

# Meiden Sie ...

## ... die Verlierer

Wie erkennt man sie, diese Verlierer? Nun, die Zeichen ihrer Mißerfolge sind im allgemeinen nicht zu übersehen.
Natürlich werden diese, wenn Sie sie fragen, immer einen guten Grund, um nicht zu sagen eine Ausrede, für ihren Mißerfolg haben. Sie können sich jedoch darauf verlassen, daß bei all diesen Gründen immer andere schuld waren, niemals der Verlierer selbst.
Im übrigen wird sich Ihr Blick für diese Menschen mit zunehmendem Erfolg schärfen.
Und eines ist sicher: Je mehr Sie sich in der Kunst des positiven Denkens üben, desto mehr werden Sie auch die Siegertypen auf sich ziehen.
Die Verlierer werden sich automatisch von Ihnen zurückziehen, ja sie werden sogar versuchen, Ihnen ganz aus dem Weg zu gehen, und es wird Ihnen nicht einmal leid tun.
Das heißt selbstverständlich nicht, daß Sie ihnen gegenüber unhöflich sein sollten. Aber gehen Sie auf gar keinen Fall auf ihre Vorschläge oder Angebote ein.
Schlagen Sie ihnen vor allen Dingen keine Teilhaberschaft vor. Denn die Verbindung aus einem Verlierer und einem Gewinner ist immer problematisch und führt selten zu guten Ergebnissen, selbst wenn der Gewinner sehr stark ist.
Es heißt zwar, daß die Vernunft des Stärkeren sich immer durchsetzt, doch bei einer solchen Partnerschaft wird der Verlierer den Gewinner viel Zeit, Geld und Energie kosten.
Um einer solchen Partnerschaft zum Erfolg zu verhelfen, wird nämlich letzten Endes der Gewinner für den Verlierer einspringen, das zerschlagene Porzellan kitten müssen.
Diese beiden Typen sind gedanklich diametral programmiert, sie tendieren dazu, sich in der Leistung gegenseitig aufzuheben.
In einer solchen Verbindung wird es immer Flügelkämpfe

geben. Mißverständnisse und Reibereien werden über kurz oder lang das »Aus« bedeuten.

Der Gewinner, der sich aus Menschlichkeit – sprich Mitleid – mit einem Verlierer verbündet, um ihm womöglich einen Freundschaftsdienst zu erweisen, läuft Gefahr, das Gegenteil von dem zu erreichen, was er im Sinn hatte.

Die Beziehung flacht ab, die eventuelle Freundschaft geht baden, ganz zu schweigen von dem Verlust an Geld und Zeit, der beide trifft.

Summa summarum hat der Gewinner dem Verlierer trotz seiner guten Absichten dann letzten Endes doch nur geschadet. Letzterem mag das vielleicht nicht einmal soviel ausmachen, da er an Mißerfolg gewöhnt ist.

Doch für den Gewinner ist die Pille schwer zu schlucken. Immerhin wird es ihm eine Lehre sein. In Zukunft wird er seine Partner besser aussuchen und nicht noch einmal denselben Fehler machen.

Auf jeden Fall werden es diese beiden Arten von Menschen nie miteinander können, weil sie nicht dieselben Grundwerte haben.

## ... die Intriganten

Diese Leute sind, selbst wenn sie möglicherweise anfänglich einige augenfällige Erfolge vorzuweisen haben, über kurz oder lang zum Scheitern verurteilt.

Leute, die ständig taktieren und sich auf zweifelhafte Manöver einlassen, bekommen mit Sicherheit eines Tages die Quittung vorgelegt.

Irgendwann kommt die Wahrheit dann ans Licht, und die Liste ihrer Feinde wächst. Hüten Sie sich vor den Leuten, die in Ihrer Gegenwart ständig Mitarbeiter oder – generell gesprochen – Abwesende schlechtmachen.

Sie machen es in Ihrer Abwesenheit wahrscheinlich genauso mit Ihnen. Und wer sich anderen gegenüber zweifelhafter Praktiken bedient, kann sie auch jederzeit gegen Sie richten.

## ... die Kurzsichtigen

Die zahllosen Vertreter dieser Sippschaft meide man wie die Pest. Es sind die Leute, die Sie immer einengen werden, weil sie selbst eng sind.

Sie sind in der Tat so engstirnig, daß sie sich nicht vorstellen können, ein anderer könne eine andere, offenere Sichtweise haben als sie selbst.

Sie machen alles, was sie angehen und was sie anfassen, kleiner. Sie haben nichts Besseres zu tun, als Ihre Begeisterung zu dämpfen und Sie davon abzuhalten, neue Projekte in Angriff zu nehmen.

Sie lachen Sie aus, wenn Sie ein neues, hochgestecktes Ziel haben. Sie halten Sie für verrückt und werden sofort darauf hinweisen, daß man angesichts der schlechten Wirtschaftslage eigentlich keine Chance hat, um z. B. eine neue Firma zu gründen. Denn die Zeiten seien derartig schlecht, daß man praktisch überhaupt nicht erfolgreich sein kann.

Stellen Sie sich taub. Gehen Sie Ihren Weg, und vermeiden Sie vor allem jede Partnerschaft mit Kurzsichtigen. Es ist verlorene Liebesmüh', Ihre Energie darauf zu verschwenden, die Begeisterung eines kurzsichtigen Menschen zu wecken.

Sparen Sie sich diese Energie dafür auf, sich ganz auf Ihre anstehende Karriere zu konzentrieren.

Wenn Sie mit einem Gewinner zusammenarbeiten, wächst Ihr Erfolgskoeffizient exponentiell: Die Verbindung zweier Gewinner bürgt für eine ungemein hohe Erfolgsbilanz.

Wenn Sie es also weit bringen wollen, dann suchen Sie sich Leute mit Weitblick, Leute Ihresgleichen. Sie werden davon in ungeahntem Maße profitieren.

Eine solche Verbindung wird im übrigen von den meisten Leuten als »Brain Trust« (Gehirnkollektiv) bezeichnet.

Sie basiert auf der einfachen Überlegung, daß zwei Köpfe immer mehr wissen als einer.

Wenn verschiedene Menschen, zumal wenn es sich um Gewinner handelt, ihre Ideen, ihre Erfahrungen und ihre Persönlichkeit einbringen, können sie ungeahnte Perspektiven eröffnen. Große Ideen können geboren und große Ziele erreicht werden.

Die Verwaltungsräte in großen Gesellschaften sind nichts anderes als solche Brain Trusts, die den Sachverstand und die Kompetenz vieler einzelner in sich vereinen.

Die Interessenverbände von Verkäufern oder Handelskammern und Innungen haben eine ähnliche Funktion. Sie bringen Einzelpersonen, die das gleiche Ziel verfolgen, zusammen.

Man muß aber nicht unbedingt Präsident einer Gesellschaft oder Mitglied eines Verbandes sein, um über einen Brain Trust zu verfügen.

Schaffen Sie sich selbst ein »Superhirn«. Sammeln Sie Leute um sich, in die Sie Ihr Vertrauen setzen, vorzugsweise Freunde, auch wenn das keine Grundbedingung ist.

Wichtig ist vielmehr, daß es Leute sind, die positiv programmiert sind.

Mit seinen Ängsten, seiner chronischen Antriebsarmut, seinen ständigen Zweifeln kann ein Miesmacher eine ganze Gruppe lahmlegen.

Denn selbst bei positiv programmierten Menschen existiert eine Grauzone, in der Einwände und Zweifel auf fruchtbaren Boden fallen.

Warum nicht eine Gruppe aus drei oder vier Leuten bilden, die Ihr Brain Trust wird? Bei zu großen Gruppen besteht die Gefahr, daß sie auseinanderfallen, Untergruppen bilden.

Treffen Sie sich regelmäßig, und zwar möglichst nach einem vorher festgelegten Terminplan. Legen Sie eine genaue Tagesordnung fest, welche Themen behandelt werden müssen. Bei der ersten Zusammenkunft dürfte das nicht schwer sein. Es geht allein um die Frage, wie Sie es bewerkstelligen, schnell reich zu werden. Oder eine neue Firma zu gründen. Oder ein neues Projekt durchzuziehen.

Die Meetings und Besprechungen in allen Firmen haben genau die gleiche Aufgabe.

Diese Zusammenkünfte sollten nicht ausschließlich der Ideensuche dienen. Nutzen Sie die Gelegenheit, auch über die Schwierigkeiten zu sprechen, die Sie möglicherweise bei Ihrer Arbeit haben.

Ein Rat von außen kann von großem Nutzen sein. Sprechen Sie aber auch von Ihren Erfolgen. Tauschen Sie Ihre Gedanken zum Thema Erfolgsprinzipien aus.

Stellen Sie ein Buch vor, das Sie gelesen haben. Diskutieren Sie Strategien.

Wenn die Leute sich ein paar Minuten Zeit nehmen würden, um Bilanz zu ziehen, wie sie die meisten Abende verbringen, wären sie gemeinhin bestürzt darüber, wie unproduktiv diese Abende sind, nichts als vergeudete Zeit.

Fernsehen, banale und sinnlose Diskussionen (wenn nicht gar gestritten wird), nicht enden wollende Abendessen.

Wenn Sie Erfolg haben wollen, dann machen Sie es anders.

Machen Sie es sich zur Gewohnheit, wenigstens einmal die Woche oder einmal monatlich einen produktiven und anregenden Abend mit Ihrem Brain Trust zu verbringen.

Sie werden erstaunt sein, was dabei herauskommt. Überlassen Sie das Fernsehen den anderen. Sie können es sich nicht leisten fernzusehen.

Ihre Zeit ist kostbar. Sie sind dabei, reich zu werden, üben Sie also Disziplin.

Anstatt drei Stunden täglich vor dem Fernseher zu vergeuden, beschränken Sie sich auf zwei, und widmen Sie die gewonnene Stunde Ihrem Erfolg.

# Üben Sie sich in Kommunikation

Wir leben im Zeitalter der Kommunikation. Wer es zu etwas bringen will, muß lernen, sich auszudrücken, und zwar klar und unmißverständlich.

Er muß im Gespräch überzeugend wirken. Zögern Sie deshalb nicht, Kurse für Gesprächsführung zu belegen. Sprache und Sprachen sind enorm wichtig.

Wie Sie bereits aus dem vorigen Kapitel wissen, sollte jede Führungskraft mindestens zwei Sprachen beherrschen.

Mit einer zweiten oder gar dritten Sprache haben Sie einen hohen Trumpf in der Hand. Überspringen Sie also einmal in der Woche einen Fernsehabend und schreiben Sie sich in einen Sprachkurs ein.

Um auch vor Publikum sprechen zu lernen, sind zusätzlich Rhetorikkurse sehr empfehlenswert, selbst wenn Sie in dieser Hinsicht bereits eine gewisse Begabung mitbringen.

Alle Führungsgrößen waren auch »große Redner«. Man bewundert die Menschen, die eine Rede halten können. Was die meisten nur nicht wissen, ist, daß jeder es erlernen kann.

Man braucht nur eine Anleitung und ein bißchen Übung dazu. Die Fähigkeit, eine Rede zu halten, gibt Ihnen eine neue Art von Sicherheit, mit der Sie wertvolle Pluspunkte sammeln können.


## Nehmen Sie an einer Verkäuferschulung teil

Um erfolgreich zu sein, muß man verkaufen können – eine Idee, einen Service, sein Können und letzten Endes auch sich selbst.

Denn wie immer man darüber denken mag, im Endeffekt verkauft man bei einem Verkauf sich selbst. Es gibt ernsthafte Untersuchungen, die beweisen, daß der Erfolg jedes einzelnen zu 85 Prozent von seiner Persönlichkeit abhängt.

Ganz gleich, auf welchem Gebiet Sie arbeiten, Sie sind ständig dazu aufgerufen, etwas zu verkaufen.
Der Anwalt, der sein Plädoyer hält, verkauft seine Überzeugung dem Richter.
Der Politiker, der eine Rede hält, verkauft die Politik seiner Regierung.
Der Geschäftsmann, der sein Budget verteidigt, verkauft es gleichermaßen, ganz zu schweigen von all den Berufen, die direkt mit dem Verkauf zu tun haben.
Die Beherrschung von Verkaufstechniken wirkt sich auf allen Gebieten leistungssteigernd aus. So ist es eine Tatsache, daß in einer Zeit, in der die Produkte sich immer ähnlicher werden und der Unterschied zwischen diesem oder jenem Produkt nur noch winzig ist, nicht mehr so sehr das Produkt, sondern die Fähigkeit des Verkäufers zum erfolgreichen Abschluß führt.
Wenn Sie einmal die Tageszeitung aufschlagen und dort den Stellenmarkt anschauen, so werden Sie feststellen, daß im Vertrieb immer gute Leute gesucht werden. Und zwar unabhängig von der Wirtschaftslage.
Sogar in schwierigen Zeiten, wenn die Firmen Personal abbauen, werden gerade gute Verkäufer gesucht, um die Waren zu vermarkten und zu verkaufen.

*Die Kunst, zuhören zu können, ist eines der obersten Verkaufsprinzipien!*

Wenn man verkaufen will, muß man reden können. Aber man muß auch zuhören können.
Dies ist viel wichtiger, als die meisten Leute glauben. Im allgemeinen reden die Leute zuviel und hören zuwenig zu.
Und bei fast allen Gesprächen profitiert derjenige am meisten, der es am besten versteht zuzuhören. Und derjenige, der selbst am wenigsten redet.
Denn je mehr Ihr Gesprächspartner redet, je mehr er sich öffnet, desto mehr erfahren Sie über seine Beweggründe, seine Bedürfnisse und auch über seine Persönlichkeit.

Sie erkennen leichter seine schwachen Punkte und können abschätzen, wie Sie ihn beeinflussen können.

Außerdem wird ihm Ihr aufmerksames Zuhören schmeicheln. Sie signalisieren damit Interesse an ihm, und das gibt ihm das Gefühl, daß er Ihnen wichtig ist.

Die meisten Leute reden gern, und zwar am liebsten über sich selbst. Lernen Sie, die richtigen Fragen zu stellen, die dem anderen zeigen, daß Sie ein reales Interesse an ihm haben.

Beobachten Sie sich selbst. Wie ist Ihr Verhältnis zwischen reden und zuhören?

Wenn Sie mehr reden als zuhören, ist Vorsicht geboten. Ihr Gesprächspartner sammelt wahrscheinlich mehr Punkte als Sie.

Bemühen Sie sich, diesen Fehler auszumerzen. Das ist lediglich eine Sache der Gewohnheit.

Es ist auf jeden Fall einen Versuch wert. Sagen Sie nur das Wesentliche, und hören Sie zu.

Ihr Gegenüber wird wahrscheinlich entzückt sein, mit Ihnen gesprochen zu haben, und Sie für einen charmanten Plauderer halten, obwohl Sie kein Wort gesagt haben, sondern sich nur darauf beschränkt haben, zuzuhören und im richtigen Moment die richtigen Fragen zu stellen.

**Achten Sie auf Ihr Äußeres!**

Wir leben in einer Welt des Scheins. Manche mögen das zwar bedauern, doch die Tatsache bleibt bestehen.

In jeder Beziehung spielt der erste Eindruck eine entscheidende Rolle. Und woran orientiert sich dieser erste Eindruck? Im allgemeinen an äußeren Kleinigkeiten:

- einem gutgeschnittenen Anzug
- einem Lächeln
- einer gepflegten Frisur
- einem sympathischen Äußeren

Jemand, der ungepflegt ist, macht, sofern er nicht gerade ein berühmter Millionär ist – im allgemeinen einen schlechten Eindruck.

Achten Sie auf Kleinigkeiten. Ungeputzte Schuhe können schon genügen, um bei einem Gesprächspartner eine Abwehrhaltung zu erzeugen, vor allem wenn dieser auf dergleichen Details großen Wert legt.

Wenn Sie Erfolg haben wollen, dann kleiden Sie sich auch wie einer, der Erfolg hat. Wenn Sie nicht wissen wie, dann sehen Sie sich die erfolgreichen Leute in Ihrer Umgebung einfach an.

Fragen Sie um Rat. Und denken Sie daran, daß der Aufbau jeder menschlichen Beziehung, also auch jeder beruflichen, etwas mit Verführung zu tun hat.

Ein gepflegtes und vor allem den Umständen angepaßtes Erscheinungsbild ist für den Erfolg von wesentlicher Bedeutung.

Das Gewand macht den Mönch nicht, heißt es zwar, doch im Geschäftsleben erleichtert die richtige Kleidung vieles.

Gerade wenn Sie etwas oder sich selbst verkaufen wollen, müssen Sie absolute Sorgfalt auf Ihre Garderobe legen.

## Ein gesunder Geist in einem gesunden Körper

Diese Maxime ist zwar schon uralt, doch sie hat auch heute noch ihre Gültigkeit.

Um Erfolg zu haben, muß man gut in Form sein. Ihr Gehirn braucht Sauerstoff, damit Sie klar denken können.

Wenn der Körper schwach ist, befiehlt er, wenn er stark ist, gehorcht er. Eine gute Kondition ist die beste Voraussetzung für den Erfolg. Sie bedeutet nicht nur mehr physische Kraft, sondern auch mehr geistige Energie.

Treiben Sie regelmäßig Sport. Das entspannt Ihren Körper ebenso wie Ihren Geist. Bevorzugen Sie eine Sportart, die Ihre volle geistige Konzentration fordert und Sie so von Ihren beruflichen Sorgen ablenkt.

Das ist so ähnlich wie das Prinzip der kommunizierenden Röhren. Wenn Sie sich beispielsweise beim Tennis bemühen, den Ball Ihres Gegners zurückzuschlagen, denken Sie an nichts anderes mehr.

So geht es auch dem Golfer, der einen erfolgreichen Schlag ansetzen will. Er wird seine Gedanken voll auf diese Aufgabe konzentrieren, selbst wenn es dabei nur um einen Dollar, um Ruhm oder um gar nichts geht.

Die meisten erfolgreichen Leute betreiben irgendeinen Ausgleichssport, der es ihnen erlaubt, die ungeheuren Spannungen, denen sie täglich ausgesetzt sind, abzubauen.

Der große Goethe pflegte weite Spaziergänge zu machen, aus denen er die Kraft für sein schöpferisches Schaffen bezog. Nietzsche hat behauptet, daß ihm all seine Ideen beim Gehen kamen.

Papst Johannes Paul II. ließ sich in der Nähe seiner Wohnung ein Schwimmbad bauen, um regelmäßig schwimmen zu können. Als ein Verwaltungsangestellter auf die hohen Kosten hinwies, erwiderte der Papst: »Ein Schwimmbad ist immer noch billiger, als einen neuen Papst zu wählen!«

---

Folgen Sie dem Beispiel der Großen, und treiben Sie regelmäßig Sport!

---

# Und noch etwas ...

### Das Geld der anderen

Wir haben festgestellt, daß der Erfolg keine Sache des Alleinganges ist.

Man schafft ihn auch nicht allein mit seinem eigenen Geld. Man braucht dazu sehr oft das Geld der anderen. »O.P.M.« bedeutet »Other People's Money«, und Sie müssen wissen, daß hinter jedem Millionär auch ein ausgebuffter Kreditgeber steckt.

Die meisten Leute sind durch geliehenes Geld reich geworden, das heißt durch das Geld der anderen.

Die Frage des Schuldenmachens ist sehr delikat. Für manche kann sich eine Anleihe, vor allem wenn es sich um allzu große Beträge handelt, katastrophal auswirken.

Die Schwankungen der Zinssätze halten oftmals böse Überraschungen bereit.

Dagegen hätten viele Unternehmen ohne eine gewisse Kreditaufnahme zum rechten Zeitpunkt kaum eine Chance gehabt, zu expandieren oder den Konkurs abzuwenden.

Die Firma Chrysler, die der amerikanische Manager Iacocca durch die Aufnahme eines sehr hohen Kredits vor dem Konkurs rettete, ist ein schönes Beispiel dafür.

Allerdings zeigt auch die Lebensgeschichte von berühmten Männern, daß Geld zu Anfang nicht ausschlaggebend ist, sondern nur eine gute Idee und die richtige geistige Einstellung. Erst später haben sie sich Geld geliehen, meist um die eigene Firma zu vergrößern.

Deshalb hören Sie folgenden Ratschlag:

Es ist nicht ratsam, gleich am Anfang große Kredite aufzunehmen. Man sollte zu Beginn immer etwas zurückhaltend sein und ohne luxuriöses Büro und auch ohne Sekretärin starten.

Wenn Sie eine GmbH gründen, müssen Sie 50.000 DM Startkapital einbringen. Machen Sie es nicht wie viele andere junge Geschäftsleute, die dieses Geld sofort wieder in einen teuren Wagen für den neuen Chef investieren.

Erfolgreiche Leute denken sparsam. Die Büros sind im allgemeinen viel zu luxuriös, die Autos viel zu groß.

Banken und Gläubiger sind nicht geneigt, Luxus zu finanzieren.

Soll man nun Geld aufnehmen oder nicht? Und wenn ja, wieviel? Und zu welchem Zeitpunkt?

Die Frage ist, wie wir sehen, nicht leicht zu beantworten. Eines ist jedoch sicher. Wenn Ihr Unterbewußtsein gut programmiert ist, werden Sie wissen, ob Sie auf fremde Gelder zurückgreifen können oder nicht.

Vorsicht ist in jedem Fall am Platze. Viele Leute wagen es allerdings ein Leben lang nicht, Geld zu leihen.

Sie sparen und schnallen den Gürtel immer enger. Auf diese Weise lassen sie sich gute Gelegenheiten entgehen. Alle reichen Leute haben sich irgendwann einmal in ihrem Leben des Geldes anderer Leute bedient.

Tun Sie es ihnen gleich, aber mit Bedacht. Wenn Sie erst einmal Ihre Rückzahlungsmöglichkeiten abgecheckt haben, vertrauen Sie auf Ihren Instinkt und Ihr Unterbewußtsein.

*Und vergessen Sie niemals: Dem Mutigen gehört die Welt.*


**Minderwertigkeitskomplexe? Um so besser!**

Es heißt, daß jeder zweite Mensch im Laufe seines Lebens einmal unter Minderwertigkeitskomplexen leidet. Wenn das auch für Sie zutrifft, um so besser.

Ziehen Sie Gewinn aus diesem Nachteil! Verbringen Sie nicht Ihr ganzes Leben damit, sich in Selbstmitleid zu ergehen. Sie müssen darangehen, aus Ihrem Komplex Kapital zu schlagen, ihn sogar für sich zu nutzen.

Ja wirklich! Wandeln Sie ihn einfach in einen Gewinn um. Anstatt ständig Trübsal zu blasen, sagen Sie sich einfach: Gut, ich bin nun einmal körperlich nicht der Stärkste, oder:

Ich sehe nun einmal nicht aus wie Robert Redford, aber ich kann auf dem oder jenem Gebiet der Beste werden.

Entdecken Sie die Tugenden der *schöpferischen Frustration.* Das Unbehagen, das Sie verspüren, kann Sie – ganz gleich, woher es kommt – weit voranbringen.

Ja, es kann Sie sogar über sich hinauswachsen lassen und Sie in einen Menschen verwandeln, der zu werden Sie sich immer erträumt haben.

In gewisser Weise haben Sie gegenüber denen, die nicht komplexbeladen sind, sogar einen Vorteil: Jenen fehlt nämlich das Bedürfnis, sich zu ändern, besser zu werden. Sie dagegen wünschen es sich von ganzem Herzen. Und das, was man sich inständig und mit allen Fasern seines Körpers wünscht, das bekommt man auch vom Leben. Weil niemand es aufhalten kann.

*Wandeln Sie Ihre Frustration, Ihren Komplex in einen Sieg um! Werden Sie ein Sieger, und die Leute werden Sie bewundern. Ihr Komplex verschwindet dann von ganz alleine.*

## Suchen Sie sich ein Vorbild!

Jeder bewundernswerte Mensch war ursprünglich jemand, der einen anderen bewunderte.

Machen Sie es wie die Großen, wie alle Reichen, suchen Sie sich Vorbilder, die Sie inspirieren, die Sie aufbauen. Alle großen Leute haben ein hohes Ideal gehabt, haben sich hohe Ziele gesetzt.

Und nachdem Sie wissen, welchen Energieschub es bringt, sich ein festes Ziel zu setzen, werden auch Sie sich ein hohes setzen.

---

Sie sind der Baumeister Ihres Glücks!

---

Ein Vorbild kann Ihnen aber auch noch in anderer Hinsicht helfen. Sie können es als eine Art imaginäres »Superhirn«

197

benutzen. Wenn Sie vor irgendeinem Problem stehen, so fragen Sie sich: Was hätte mein Vorbild in dieser Situation getan? Wie hätte mein Vorbild reagiert? Und Sie werden erstaunt sein, welch kluge Antworten Ihr imaginärer Ratgeber Ihnen ins Ohr flüstert.

Lesen Sie die Lebensgeschichte großer Persönlichkeiten. Versuchen Sie herauszufinden, was sie zum Erfolg geführt hat, und lassen Sie sich von ihnen inspirieren.

Haben Sie keine Scheu vor dieser Inspiration. Natürlich nützt Ihnen eine selbstzufriedene oder passive Bewunderung wenig. Sie muß Sie zu Taten antreiben.

Im Jahre 1850 wird in der Schweiz ein Kind geboren. Es ist das 13. Kind in der Familie und eher schwächlich.

Außer seinem Dialekt, den man in dem schweizerischen Dorf spricht, beherrscht der Junge keine andere Sprache.

Als er zwölf Jahre alt ist, schickt ihn sein Vater in die Stadt zum Arbeiten in ein Hotel, wo er niederste Aufgaben verrichten muß.

Der Junge scheint für diese Arbeit nicht besonders geeignet zu sein, denn der Direktor sagt bereits nach einigen Tagen zu ihm: »Ach, mein armer Junge, es ist wohl besser, wenn du gleich aufgibst. Ich glaube nicht, daß du für diese Art von Arbeit geschaffen bist.«

In dem jungen Menschen wird aufgrund dieser einzigen Bemerkung eine Art Trotzhaltung aufgebaut, und er schwört sich, daß er es trotzdem schaffen wird.

Caesar Ritz kämpft und schuftet in seinen jungen Jahren und lernt alles, was er für das Hotelfach lernen muß. Mit 27 Jahren spricht er bereits drei Sprachen und wird der Direktor des Grand National Hotel in Luzern.

In diesem erstklassigen Haus wird seine Ausbildung vollendet, und kurze Zeit später macht er sich selbständig und eröffnet sein eigenes Hotel.

Aus diesem wird im Laufe der Jahre eine ganze Hotelkette, und die »Ritz«-Hotelgruppe wird die bekannteste und teuerste der damaligen Zeit.

Ursprünglich waren solche Menschen nicht viel anders als

Sie. Aber sie haben in ihrem Leben Prinzipien angewendet, die den meisten Leuten unbekannt sind oder die sie nicht nutzen.

An diesem Beispiel sehen Sie, daß Ihr Leben nicht wirklich durch äußere Einflüsse allein bestimmt wird. Nicht Nachbarn, Freunde und Verwandte, ja nicht einmal Ihr Chef beeinflußt Ihr Leben wirklich. Das tun nur Sie selbst.

Sie kennen nun bereits einige Prinzipien erfolgreicher Menschen. Wenden Sie sie rigoros an, damit auch Sie jemand werden, den ... man bewundert.

---

Denn der Mensch hat einen großen und einzigartigen Vorteil in seinem Leben: Er kann wählen

---

## Mit einem richtigen Gedanken beginnt der Weg zum Erfolg

Ihre Gedanken sind es, die Stunde um Stunde und Minute für Minute Ihr Leben beeinflussen.

Denn wie sagte schon Napoleon Hill in seinem Klassiker »Denke nach und werde reich«:

»Gedanken sind Taten, sogar machtvolle Taten.«

Und es ist so, daß man mit »Ideen« viel mehr verdienen kann als mit seiner Hände Arbeit.

Schon eine einzige Idee genügt, um Erfolg zu haben. Mit dem Lesen dieses Buches und den angegebenen Prinzipien haben Sie bereits in diesem Augenblick den Schlüssel in der Hand zu jener unerschöpflichen Schatzkammer voller erfolgversprechender Ideen in Ihrem Gehirn.

Denn es gibt eine verblüffende Tatsache im Leben.

*Beginnt Reichtum erst zu entstehen, dann so rasch und in solchem Überfluß, daß man sich verwundert fragt, wo er sich nur in all den schlechten Jahren versteckt hat.*

Diese Erscheinung widerlegt vollkommen die weitverbreitete Meinung, daß man nur durch langjährige harte Arbeit reich wird.

Wenn Sie die Grundsätze dieses Lebens beherrschen, so heißt es die Augen offenzuhalten, um ja keine Gelegenheit zu versäumen.

Sie werden sehen, daß sich Ihre finanzielle Lage innerhalb kürzester Zeit spürbar verbessert. Alles, was Sie in die Hand nehmen, wird sich in Geld verwandeln.

Sie glauben, daß das unmöglich ist? Ganz und gar nicht. Ab sofort werden Sie das Wort »unmöglich« aus Ihrem Sprachschatz streichen. Sie müssen sich nur zuversichtlich und rückhaltlos an die hier gegebenen Anweisungen halten.

---

## Der Erfolg lacht dem Erfolgsbewußten!

---

Dauernde Fehlschläge suchen nur diejenigen Leute heim, die grundlos immer vom Mißerfolg überzeugt sind.

Bei einer Umfrage unter Tausenden erfolgreichen Männern erklärten die meisten, daß sich ihre bedeutendsten Erfolge meist unmittelbar nach einem anfänglichen Fehlschlag eingestellt haben.

Denn der Mißerfolg ist ein ironischer und gerissener Schelm. Es bereitet ihm höchstes Vergnügen, jemandem kurz vor dem Erfolg noch ein Bein zu stellen.

# Kapitel 10

# Die Geschichte von Henry Ford

Henry Ford wurde am 30. Juli 1863 in Michigan/USA geboren. Sein Vater war ein einfacher Farmer, der keinerlei Notwendigkeit für die Weiterbildung seines Sohnes sah.

Als Henry die Grundschule abgeschlossen hatte, meinte er deshalb auch, daß es für ihn besser sei, sich auf der Farm nützlich zu machen, als seine Hosen auf der Schulbank abzuwetzen.

So kam es, daß er sich mit der harten körperlichen Arbeit, die auf einem Hof anfällt, vertraut machte.

»Schon sehr früh hatte ich den Eindruck, daß eine Menge Arbeit für einen geringen Ertrag geleistet werden mußte, und mir kam der Gedanke, daß ein Großteil der Arbeit durch bessere Verfahren leichter bewältigt werden könnte.«

Das Maschinenbaugenie erwachte in dem Kind. Es sah bereits den Tag kommen, da Maschinen die körperliche Arbeit der Menschen übernehmen würden.

Wie wir heute wissen, sollte seine Vision Wirklichkeit werden.

Seine erste Habe, an die sich Ford erinnert, war ein Stück Schrott. Jedesmal, wenn er so ein Teil bekam, gelang es ihm wie durch ein Wunder, ein Werkzeug daraus anzufertigen.

»Ich hatte kein anderes Spielzeug außer meinen Werkzeugen, und mit Werkzeugen habe ich ein Leben lang gespielt. Als ich jung war, war für mich selbst das kleinste Schrotteil ein wahrer Schatz.«

Während die anderen Jungen in seinem Alter den Tag damit verbrachten, auf den Feldern zu spielen, beschäftigte sich der junge Ford in seiner Freizeit meist in seiner kleinen Werkstatt, die er mit Erlaubnis seines Vaters in einem Nebengebäude der Farm hatte einrichten dürfen.

Mit zwölf Jahren hatte Henry Ford ein Erlebnis, das sein ganzes Leben verändern und prägen sollte:

»Das denkwürdigste Erlebnis dieser Jugendjahre war meine Begegnung mit einer Straßenbahnlokomotive in

Detroit, als ich mit meinem Vater auf einem Pferdekarren durch diese Stadt fuhr.

Ich erinnere mich an diese Lokomotive, als hätte ich sie gestern gesehen, denn es war das erste Gefährt, das nicht von einem Tier gezogen wurde.

Bevor mein Vater sich noch über meine Absicht klarwerden konnte, war ich schon aus unserem Pferdewagen gesprungen und mit dem Lokomotivführer ins Gespräch gekommen.

Ich war von diesem Monstrum Lokomotive so beeindruckt, daß ich am Abend kaum ein Auge zutun konnte. Es war diese Begegnung, die meine Gedanken in Richtung Transportmittel mit Eigenantrieb lenkte, und seit dem Augenblick, da ich als zwölfjähriger Junge diese Maschine gesehen hatte, galt all mein Sinnen und Trachten ständig nur dem einen Ziel, ein Straßenfahrzeug zu bauen.«

Diese zufällige Begegnung – das dürfte Ihnen klargeworden sein – brachte die entscheidende Wende im Leben des jungen Mannes.

Die Idee, eine »rollende Maschine« zu bauen, sollte ihn von nun an nicht mehr loslassen.

Aber von der Idee bis zu ihrer Verwirklichung ist oft ein weiter Weg, vor dem die meisten Menschen zurückschrecken.

Sie resignieren, bleiben untätig. Ford jedoch war nicht der Typ, der sich von etwaigen Hindernissen abschrecken oder entmutigen ließ.

Seine Einstellung war eine ganz andere, wie folgender Ausspruch beweist:

---

Eine Arbeit, für die man sich interessiert, ist niemals hart, und ich zweifle niemals an deren Erfolg.

---

Dem jungen Henry gelang es nicht, sich für die Arbeit auf der väterlichen Farm zu begeistern. »Ich möchte mit Maschinen hantieren«, sagte er. Mit 17 Jahren war sein Entschluß gefaßt. Er fing als Mechanikerlehrling in der Fabrik Dry Dock an. Sein Vater billigte diese Entscheidung ganz und gar nicht. Sein Sohn sollte später einmal die Farm übernehmen.

Der Vater gab seinen Sohn tatsächlich verloren. *Doch Amerika sollte einen seiner größten Industriellen finden!*

Zur damaligen Zeit mußte man mit mehr als drei undankbaren Lehrjahren rechnen, ehe man darauf hoffen konnte, Mechaniker zu werden.

Ford hatte seine Ausbildung in weniger als einem Jahr abgeschlossen. Auf dem Gebiet der Mechanik schien es für ihn keine Geheimnisse mehr zu geben.

>>Die Maschinen sind für den Mechaniker das, was die Bücher für den Schriftsteller sind. Er findet dort seine Ideen und Anregungen und setzt diese in die Tat um.<<

Der Traum des jungen Mannes hatte nach der Lehrlingszeit noch festere Konturen angenommen. Seine Genialität brach nun mit aller Kraft hervor.

Ford dachte unentwegt an die Lokomotive, die er gesehen hatte; und die Idee, ein mit Motorkraft betriebenes Fahrzeug zu entwickeln, ließ ihn nicht zur Ruhe kommen.

Wichtig ist, daß man trotz der anfänglich augenscheinlichen Unmöglichkeit daran glaubt, einen Weg zu finden.

Henry Ford glaubte, daß es mehrere Wege gäbe. Eine Zeitlang wollte er mit Dampf arbeiten, ließ diese Idee jedoch nach zwei Jahren harter Arbeit wieder fallen, weil er sich darüber klar wurde, daß dieser Weg keine Zukunftschancen hatte.

Der Wagen wäre viel zu groß und zu schwer geworden.

Der junge Ford verschlang sämtliche wissenschaftlichen Zeitschriften, um sich möglichst viel Wissen auf diesem Gebiet anzueignen.

Seine geringe Schulbildung wurde dadurch mehr als wettgemacht.


Zu dieser Zeit tauchten in den einschlägigen Zeitschriften neue Maschinen auf. Man besprach den Ottomotor, der ausschließlich durch die Kraft eines Gases angetrieben wurde. Dieses Gas entstand beim Verdampfen von Benzin.

Nichtsdestotrotz wurde diese Neuheit ein wenig belächelt, als phantastische Zukunftsvision abgetan und nicht als Erfindung gewürdigt, die eines Tages die Lebensgewohnheiten von Millionen Menschen drastisch verändern würde.

Alle Insider und Spezialisten waren sich in einem Punkt völlig einig: Der Benzinmotor würde niemals den Dampf ersetzen.

Ein Mann in einem Dorf in Michigan dachte darüber ganz anders.

Der junge Ford kehrte seiner Stelle bei Westinghouse, wo er als Fachmechaniker gearbeitet hatte, den Rücken.

Er ging zurück auf die Farm seines Vaters, wo er seine alte Werkstatt wieder in Besitz nahm.

Sein Vater bot ihm sogar ein Stückchen Land an, wenn er auf seine verdammten Maschinen verzichten würde.

Und trotzdem: Ford blieb stur. Er arbeitete an seinen Explosionsmotoren und studierte ihre Betriebsweise. Stets sein Ziel vor Augen, eine fahrbare Maschine zu entwickeln, drang er immer weiter in die Geheimnisse der Materie ein.

Er träumte nur von seinen Erfindungen. Deshalb nahm er auch ohne zu zögern eine Stelle als Ingenieur bei der Edison Illuminating Company in Detroit an.

Er verließ zum zweitenmal die väterliche Farm und sollte niemals mehr dorthin zurückkehren.

Das kleine Haus in Detroit diente ihm fast ausschließlich als Werkstatt. Wenn er abends von der Arbeit nach Hause kam, machte er sich sofort an seine Versuche mit dem Benzinmotor und arbeitete bis spät in die Nacht hinein.

Sein beispielhafter Einsatz und seine ebenso beispielhafte Ausdauer waren nicht umsonst.

1892, im Alter von 29 Jahren, legte er letzte Hand an sein fahrbares Modell.

Wieviel Zeit, wie viele Mühen hatte es diesen jungen Mann gekostet, bevor er das Ziel erreicht hatte. Man sagt, daß seine Genialität in seiner Geduld und Ausdauer lag.

Fords Devise hieß immer:

---

Voraussetzung für den Erfolg ist ein langer Atem.

---

Diejenigen, die nach einem Monat, einem Jahr oder auch zwei aufgeben, sollten sich von dieser Hartnäckigkeit, die sich über alles hinwegsetzt, inspirieren lassen.

Wenn sich die Einwohner von Detroit außerirdischen Wesen gegenübergesehen hätten, wären sie wohl kaum mehr beeindruckt gewesen als beim Anblick des jungen Mannes, der den ersten »Benzin Boogie« durch die Straßen lenkte.

Er behinderte den Verkehr, denn überall, wo er seinen Wagen anhielt, bildete sich sofort eine Ansammlung von Neugierigen. Wenn er den Wagen für eine Minute verließ, fand sich immer gleich jemand, der zudringlich versuchte, ihn in Gang zu bringen.

Schließlich blieb ihm nichts anderes übrig, als den Wagen mit einer Kette an einer Straßenlaterne festzubinden.

In den Jahren 1895 und 1896 legte er mit dem Wagen an die 1000 Meilen zurück, wobei er sich ständig bemühte, ihn immer wieder zu verbessern.

Weit davon entfernt, sich mit seinem ersten Erfolg zufriedenzugeben, strebte Ford nun höhere, sehr viel höhere Ziele an. Er dachte an eine Fertigung in großem Stil. Doch dazu brauchte er etwas Besseres als diesen ersten Wagen.

Während dieser Zeit arbeitete er weiter für Edison, und man bot ihm einen nicht unbedeutenden Direktionsposten in dem Unternehmen an, der es ihm erlaubt hätte, in die obersten Verwaltungsetagen vorzudringen und sein Gehalt um ein Vielfaches zu steigern.

Doch das Ganze hatte einen Haken. Ford sollte im Gegenzug auf seine Forschungsarbeiten am Benzinmotor verzichten und sich auf die Anwendung der Stromenergie konzentrieren, die das Hauptprodukt der Firma Edison war.

Man war bei der Edison Company logischerweise der Meinung, daß Strom die einzige Energieform sei, die es in der Zukunft geben würde.

Man verlangte von Ford schlichtweg, seinen Traum aufzugeben.

Dafür bot man ihm eine glänzende Karriere und eine gesicherte Zukunft.

Nun seien Sie mal ehrlich! Hätten Sie dieses Angebot nicht angenommen?

Wissen Sie, was Henry Ford getan hat? – Er hat glatt abgelehnt! Er zog es vor, den Sprung ins kalte Wasser zu wagen und sich mit Leib und Seele an die Verwirklichung seines Traumes zu wagen: die Massenproduktion des Benzinmotors.

Nun nochmals Hand aufs Herz. Hätten Sie genauso gehandelt? Oder hätten Sie gesagt: Was will ich noch mehr? Eine gesicherte Zukunft? Ein Supergehalt? Eine sichere Stellung? Und schließlich: Was man hat, das hat man! Diese Meinung ist bei den meisten Menschen vorherrschend und nicht einmal falsch. Das Bedürfnis nach Sicherheit ist im allgemeinen so stark ausgeprägt, daß man bereit ist, seine schönsten Träume dafür zu opfern.

Ja, das Bedürfnis nach Sicherheit ist so stark, daß ein riesiges Heer von Versicherungsvertretern sehr erfolgreich ist und fast die gesamte Bevölkerung gegen alles und jedes versichert. Man muß es nur bezahlen.

Diese Leute machen ihre Geschäfte mit der Angst der Menschen, die oft tief verwurzelt in ihrem Unterbewußtsein sitzt. Die wirklich verblüffende Hochrechnung der Vertreter ist, daß sie bei drei Kundenbesuchen, die sie meistens am späten Nachmittag oder abends durchführen, mindestens einen Abschluß tätigen. Mit dieser Trefferquote erreichen sie ein Einkommen, das meistens über dem eines normalen Angestellten oder Arbeiters liegt.

Aber wie Sie bereits aus dem vorigen Kapitel wissen, ist der Verkauf von Dienstleistungen und damit auch von Versicherungen ein äußerst schwieriges Geschäft, und gute Verkäufer verdienen deshalb ein Vielfaches dessen, was ein festangestellter Mitarbeiter verdient.

Zu dem Thema Sprung ins kalte Wasser ohne jede Art von Rückversicherung hören Sie folgende Geschichte:

Vor langer Zeit mußte ein Feldherr eine große Entscheidung treffen, die den Untergang seiner Armee bedeuten konnte. Denn der Feind war zahlenmäßig stark überlegen.

Nach der Landung auf feindlichem Gebiet befahl er seinen Offizieren, alles Kriegsmaterial auszuladen und die Schiffe zu verbrennen.

Vor der Schlacht rief er seine Kämpfer zusammen und sagte: »Seht ihr, wie das Feuer unsere Schiffe verzehrt? Wenn wir diese Schlacht verlieren, werden wir diese Küste nicht lebend verlassen.«

Sie hatten die Wahl zu siegen – oder zu sterben ... und sie siegten!

Wer siegen will, muß bereit sein, auf jede Rückzugsmöglichkeit zu verzichten. Nur so wird jenes brennende Begehren erwachen, das die unerläßliche Voraussetzung jedes Erfolges ist.

Zurück zu unserer Geschichte von Henry Ford: Auch er war bereit, seine Schiffe zu verbrennen und alles aufzugeben: entweder siegen oder untergehen.

»Ich reichte meine Kündigung ein mit dem festen Vorsatz, mich nie wieder in ein Abhängigkeitsverhältnis zu begeben.«

Am 15. August 1899 verließ Ford völlig mittellos und ohne jede moralische Unterstützung die Elektrizitätsgesellschaft von Edison.

Er war nun völlig auf sich allein gestellt und sah sich der öffentlichen Meinung gegenüber, die das Automobil nur als ein Spielzeug für reiche Leute ansah.

Keiner der seriösen Geschäftsleute von Detroit hätte auch nur einen müden Dollar in ein derart riskantes Abenteuer gesteckt.

Ford stand vor keiner leichten Aufgabe: Er nahm sich vor, auf irgendeine Weise ein neues Bedürfnis zu wecken. Nun, im allgemeinen sind die Leute ziemlich zurückhaltend, wenn man ihnen ein neues Produkt anbietet, vor allem wenn es dafür keinen augenscheinlichen Bedarf gibt.

Trotzdem gelang es Ford, einige Unternehmer für seine Pläne zu gewinnen und sie dazu zu bringen, in eine Fertigung von Motorfahrzeugen einzusteigen.

Er gründete die »Detroit Automobile Company« und übernahm die Position des Chefingenieurs. Drei Jahre lang befaßte sich die Firma damit, Fahrzeuge zu bauen, die dem ersten Modell von Ford nachgebaut wurden.

Doch pro Jahr wurden nicht mehr als sechs oder sieben Autos verkauft. Ford schwebte vor, ein verbessertes Modell für die breite Öffentlichkeit zu bauen, während seine Partner nur daran interessiert waren, Autos auf Bestellung zu fertigen und daraus den größtmöglichen Profit zu ziehen.

Zwischen Ford und seinen Geldgebern kam es zum Krach. Im März 1902 trennte sich Ford von der »Detroit Automobile Company«. Diese bittere Erfahrung hatte Fords Überzeugung in keiner Weise unterminiert. Allerdings war ihm klargeworden, daß man auf sein Glück nur hoffen kann, wenn man selbständig ist und seine Geschäfte fest in der Hand hat.

»Es ist sicher bequemer, eine geregelte Arbeitszeit zu haben, seine Arbeit morgens aufzunehmen und sie abends niederzulegen und dann bis zum nächsten Morgen nicht mehr daran zu denken.«

Man kann damit sehr gut zurechtkommen, wenn man sich damit zufriedengibt, sein ganzes Leben lang Befehle entgegenzunehmen. Solche Mitarbeiter sind passable Angestellte, doch sie werden niemals Direktor oder Geschäftsführer werden.

Denn wir können die Menschen, was das berufliche Engagement und damit auch zwangsläufig den beruflichen Erfolg angeht, in vier Kategorien eingruppieren:

1. In der ersten Gruppe finden wir die Leute, die ihr Bestes geben, solange sie nur für sich selbst arbeiten. Das heißt selbständig sind und einen eigenen Betrieb haben. Solche Menschen wollen bei niemandem angestellt sein.

Sie tragen ein hohes Maß an Verantwortung nicht nur für sich selbst, sondern auch für ihre Firma und ihre Angestellten.

Ihr Engagement geht weit über den normalen Acht-Stunden-Arbeitstag hinaus, und deshalb haben sie auch ein Recht darauf, ihren Erfolg in der Form eines höherwertigen Lebensstandards zu zeigen.

2. Dann gibt es Menschen, die aus vielerlei Gründen keine Ambitionen haben, Geschäfte auf eigene Rechnung zu betreiben, die aber hervorragende Ergebnisse aufweisen, wenn sie am Profit eines Unternehmens beteiligt sind.

Dies sind engagierte und motivierte Mitarbeiter, die ihren Job über das vorgegebene Maß erfüllen und die Spaß daran haben, ein gemeinsames Ziel zu erreichen.

3. Die dritte Kategorie umfaßt alle diejenigen, denen es nur darum geht, eine Stelle mit einem festen Gehalt zu haben. Sie machen ihre Arbeit gut, solange sie mit einem sicheren Einkommen rechnen können.

4. Und schließlich gibt es dann noch die Leute, die für andere zwar arbeiten, aber ohne jede Motivation, weil sie weder den Wunsch noch das Verlangen haben, ein bestimmtes Ziel zu erreichen. Sie sind zufrieden mit dem, was sie haben, und denken nicht daran, etwas zu unternehmen, was ihrer Sicherheit schaden würde.

Nun denn, ordnen Sie sich in eine der vier Gruppen ein. Seien Sie ganz ehrlich! Es liegt nur an Ihnen, Ihr Schicksal zu ändern. Auch wenn Sie zur Zeit in der dritten oder vierten Gruppe sind. Sie wissen ja: Es ist nie zu spät, sich zu ändern.

Die Mentalität des »Siegers« finden Sie nur in der ersten und zweiten Kategorie. Sie ist selten bei den Vertretern der dritten Gruppe anzutreffen und fehlt völlig bei der vierten Kategorie.

---

Und ob es Ihnen gefällt oder nicht, es gibt so etwas wie die Mentalität des Millionärs!

---

Und da Sie ja bereits einen Teil der Geschichte von Henry Ford gehört haben, wissen Sie auch genau, was für einer Kategorie er angehörte.

Es fehlte ihm an Publizität und Bekanntheit für seine Wagen, um sie für die breite Öffentlichkeit zu produzieren.
Um sein Auto bekannt zu machen, beteiligte er sich an Rennen. Die Menschen interessierten sich auch damals dafür, welche »fahrbare Maschine« die schnellste war.
Mehrere Konstrukteure betrachteten dies als eine Herausforderung, wohl wissend, daß dem Sieger eine große Publizität zuteil wurde.
Ford sah darin eine exzellente Gelegenheit, die Welt auf die Leistungsstärke seiner Maschinen aufmerksam zu machen.
So entwickelte er im Jahre 1903 zwei speziell für das Rennen konzipierte Fahrzeuge, den »999« und den »Pfeil«.
Das Rennen fand statt, und die Wagen von Ford gingen mit einer halben Meile Vorsprung ins Ziel.
Von da an hatte die Öffentlichkeit verstanden, daß Mr. Henry Ford aus den USA die schnellsten Wagen der Welt baute.
Ermutigt durch diesen Erfolg, ging Henry Ford aufs Ganze.
Er gründete die »Ford Motor Company«, bei der er Präsident, Konstrukteur, Chefmechaniker, Werksleiter und Generaldirektor in einer Person war.
Seine Überlegung war einfach. Sie hieß: Man muß das Eisen schmieden, solange es heiß ist, und so nutzte er seine neu gewonnene Publizität aus, um Geldgeber für seine neue Firma zu finden.
Schon zu Anfang hatte er die Nase vorn. Seine Konkurrenten kümmerten sich wenig um das Gewicht des Fahrzeu-

ges. Sie glaubten sogar, je schwerer das Fahrzeug sei, desto teurer könnten sie es verkaufen.

Der Wagen, den Ford entwickelte, war der leichteste, was eine beachtliche Geschwindigkeitsverbesserung und Benzinersparnis mit sich brachte.

Nach zwei Jahren verkaufte Ford 1700 Fahrzeuge im Jahr, womit seine Idee, ein Fahrzeug für die gesamte Bevölkerung zu bauen, sich als richtig erwies.

Die Geschäfte expandierten sehr schnell. Seine Autos galten als die solidesten und zuverlässigsten, die jemals gebaut wurden.

Im zweiten Fertigungsjahr brachte Ford drei weitere Modelle auf den Markt und mußte sich nach einer neuen Werkstatt umsehen, da die alte nun wirklich zu klein geworden war.

Er ließ ein dreistöckiges Werk bauen, was ihm eine weitere Steigerung der Produktion ermöglichte.

Nach genau fünf Jahren beschäftigte Ford 1900 Personen und produzierte jährlich ca. 6200 Autos, die nun in den USA sowie in Europa verkauft wurden.

Der kleine Junge, der einmal eine Lokomotive gesehen und sich geschworen hatte, ein Motorfahrzeug zu bauen, hatte seinen Traum verwirklicht.

Er war Millionär geworden und triumphierte nun über all diejenigen, die ihn ignoriert und sich über ihn lustig gemacht hatten. Henry Ford war indessen nicht der Mann, der sich auf seinem Erfolg ausruhte:

»Daß man versucht ist, sich eine Ruhepause zu gönnen und das zu genießen, was man erreicht hat, ist nur natürlich.

Ich verstehe voll und ganz, daß man ein Leben voller Arbeit und Streß gegen ein Leben voller Ruhe eintauschen will.

Auch ich habe diesen Wunsch verspürt. Nur glaube ich, daß man sich, wenn man nur auf Ruhe aus ist, völlig aus dem Geschäftsleben zurückziehen muß. Das hatto ich allerdings überhaupt nicht vor. Ich betrachtete den Erfolg nur als einen Ansporn, es noch besser zu machen.«

Die Produktion wurde bald auf die magische Zahl von 100 Autos pro Tag hinaufgeschraubt. Manche Mitarbeiter von Ford fragten sich, ob der Größenwahn ihres Chefs sie nicht direkt in den Abgrund führen würde.

In Finanzkreisen wurden sogar Stimmen laut, daß unweigerlich eine Sättigung des Marktes eintreten müsse.

Bei einer Sitzung des Vorstandes wurde Ford gefragt, was er denn glaube, wie lange er die an Wahnsinn grenzende Produktion von 100 Autos täglich noch aufrechterhalten könne.

Ford erwiderte: »100 Autos am Tag sind das Minimum, das wir in Zukunft produzieren werden. Ich hoffe, daß wir diese Zahl bald verzehnfachen werden.«

Im nachhinein sagte er: »Wenn ich dem Rat meiner Partner gefolgt wäre, hätte ich mich damit begnügt, meine Geschäfte auf dem derzeitigen Niveau zu halten, und den Gewinn der Firma in ein schönes Verwaltungsgebäude gesteckt. Kurzum, ich sollte ein richtig ruhiger, seriöser Geschäftsmann werden.«

Im Jahr 1909 teilte Ford seinem Verwaltungsrat mit, daß er gedenke, die Produktion des Ford-Werkes auf ein einziges Modell umzustellen: das »T-Modell«.

Außerdem fügte er hinzu: »Jeder Kunde soll seinen Wagen in der Farbe haben, die er will, vorausgesetzt, er will ihn in Schwarz.« Diese Ankündigung löste heiße Diskussionen aus, und sein Verwaltungsrat fragte ihn, was denn die Produktion eines Billig-Fahrzeuges bringen solle. Außerdem verwies man auf die schlechten Straßenverhältnisse.

Ford erwiderte: »Egal wie die Straßen aussehen, das Ford Auto ›Modell T‹ wird für die richtigen Straßen sorgen.«

Ford sollte recht behalten: Er brachte nicht nur ein »Jedermannauto« auf den Markt, sondern sorgte auch für die Revolutionierung des industriellen Fertigungssektors.

Mit Hilfe der Fließbandproduktion erreichte er einen bis dahin nie gekannten Produktionsausstoß. Das Werk wurde bald zu klein, und Ford ließ einen gigantischen Industriekomplex bauen, der jährlich 35 000 Wagen des »Modell T«

produzierte. Ford war mit seinem Wagen so erfolgreich, daß er bald überall in der Welt Zweigwerke bauen ließ.

Bei seinem Tod im Jahre 1947 war Ford längst Milliardär, und sein ganzes Leben und sein Werk sind ein Beweis dafür:

Für einen Menschen mit unerschütterlichem Glauben ist alles machbar!

# Kapitel 11

# Steven Spielberg, ein Träumer wird zum Milliardär

Jetzt wollen wir Ihnen die Geschichte eines Milliardärs erzählen, der bereits in sehr jungen Jahren mehrfacher Millionär war.

Damit Sie einmal eine richtige Vorstellung von echtem Vermögen bekommen, müssen Sie wissen, daß Steven Spielberg zu der Zeit, als sein Film *E.T.* in den Kinos der ganzen Welt lief, am Tag über eine Million Dollar verdiente.

Ja wirklich, eine Million am Tag. Können Sie sich das vorstellen? Nicht? Nun denn, dann lesen Sie die ganz und gar erstaunliche Lebensgeschichte dieses jungen Milliardärs.

Das familiäre Umfeld beeinflußte Spielbergs Kindheit in großem Maße.

Sein Vater war Elektroingenieur. Er gehörte zu dem Team, das die ersten Rechenanlagen baute.

Anfang der 50er Jahre war die Datenverarbeitungsindustrie über die ganzen USA verstreut angesiedelt. Die Spielbergs zogen deshalb oft um.

Innerhalb von 13 Jahren wechselte die Familie von Cincinnati nach Haddonfield in New Jersey, dann nach Arizona und schließlich nach Saratoga in Kalifornien.

Immer wenn sich Steven Spielberg gerade einmal an seine neue Umgebung gewöhnt hatte, hing auch schon wieder das Schild »zu verkaufen« an der Tür!

Nach seinem eigenen Bekunden waren seine Eltern grundverschieden. Beide liebten zwar klassische Musik und vergötterten ihre Kinder, aber das waren auch schon die einzigen Berührungspunkte!

Sein Vater war ein Pedant, was er als Computerfachmann auch sein mußte. Genauigkeit und Pünktlichkeit gingen ihm über alles, kurz gesagt, er war selbst der reinste Computer, was Spielberg einmal zu der Bemerkung veranlaßte, daß sein Vater nur zwei Sprachen beherrschte: Englisch und ... die Computersprache.

Der junge Spielberg teilte allerdings ganz und gar nicht die Einstellung seines Vaters und machte das seinen Eltern auch auf seine ganz besondere Art deutlich.

»Als ich etwa acht Jahre alt war, rief mein Vater uns alle in die Küche. Er hatte einen winzigen Transistor in der Hand und sagte dann zu uns: ›Das hier ist die Zukunft!‹

Ich nahm den Transistor, steckte ihn in den Mund und ... schluckte ihn hinunter.

Vater fing an zu lachen, doch plötzlich fand er das Ganze gar nicht mehr komisch. Die Stimmung war gespannt.

Das war einer der Augenblicke, wo zwei diametral entgegengesetzte Welten aufeinanderprallten. Das war meine Art, ihm zu erklären:

Das ist deine Welt, nicht die meinige!«

Seine Mutter hatte dagegen ein überschäumendes Temperament. Sie war Dreh- und Angelpunkt der Familie.

Als ausgebildete Pianistin arrangierte sie öfter zusammen mit ihren Freunden, die ebenfalls Musiker waren, Konzertabende.

Spielbergs Vater saß währenddessen mit seinen eigenen Kollegen zusammen, um beispielsweise darüber zu diskutieren, wie man eine elektronische Mausefalle bauen könnte!

Als einziges Refugium blieb dem jungen Steven sein Zimmer!

»Die Türe zu meinem Zimmer blieb beinahe während meines ganzen Lebens geschlossen«, sagte er später einmal.

Er ging sogar so weit, sich die Decke über die Ohren zu ziehen, um das Klavier bzw. die Fachsimpelei nicht zu hören!

Mit dem Filmen kam er zum erstenmal in Berührung, als seine Mutter seinem Vater zum Geburtstag eine Filmkamera schenkte.

Nur, der Vater hatte absolut kein Talent für die Filmerei. Steven, der damals zwölf Jahre alt war, war zwar von dieser 8-mm-Kamera hingerissen, doch die amateurhaften »Heldentaten« seines Vaters begeisterten ihn weitaus weniger.

»Wie jeder andere mußte ich die Tortur der häuslichen Filmerei über mich ergehen lassen!

Die Kamera hatte nie eine feste Auflage, so daß die Bilder verwackelten, oder aber die Brennschärfe stimmte nicht, und die Motive waren alle bis zur Unkenntlichkeit verschwommen.«

Kurz, das ganze Fehlerrepertoire wurde vor den entsetzten Augen des angehenden Cineasten abgespult.

Das war mehr, als er ertragen konnte, und so erklärte er seinem Vater eines Tages bei entsprechender Gelegenheit ganz ruhig: »Du hältst die Kamera falsch ... So hat das keinen Sinn!«

Sein Vater nahm mit der gleichen Ruhe die Kamera, reichte sie ihm und sagte: »Hier, nimm sie! Von nun an bist du der Kameramann der Familie!«

Von diesem Zeitpunkt an hatte der junge Spielberg – wie er es selbst ausdrückte – »die Kameralinse an seinem Auge kleben«.

Er war geradezu besessen von seiner Kamera und ihren Möglichkeiten.

Die Kamera öffnete ihm die Tür in das Reich der Phantasie, ein Reich, das er uns später in so brillanter Form nahebringen sollte.

Sie ermöglichte ihm die Flucht aus der Realität, weit weg vom Alltag, von der Schule mit ihrer Ellbogenmentalität, die ihn so ängstigte, weit weg von all den anderen im Dunkel lauernden obskuren Ängsten und vor allem weit weg von seinen Eltern, die sich nicht mehr verstanden und sich bereits mit ihrer Trennung beschäftigten.

»Von diesem Zeitpunkt an kannte ich nur noch ein Ziel: Filme machen!«

Doch bis dahin war noch ein weiter Weg.

Noch war er in Nordkalifornien den endlosen Streitereien seiner Eltern ausgesetzt. O nein, sie stritten sich nicht vor den Kindern, doch Steven durchschaute die Situation ganz klar.

»Ich glaube, daß sie sich niemals wirklich im klaren darüber waren, wie sehr wir uns ihres Unglücks bewußt waren. Nicht daß irgend jemand von ihnen einmal getobt hätte, doch es lag so viel verzweifeltes Unglück in der

Luft, daß man es mit dem Messer hätte schneiden können.«

Der Streit der Eltern drang abends und nachts bis in das
Kinderzimmer und ängstigte die Kinder.

»Ich hatte alle Ängste, die Kinder haben. Angst davor,
daß sich jemand unter dem Bett versteckt haben könnte,
Angst vor Monstern, die sich im Kleiderschrank versteck-
ten, usw.«

Den bösartigen Baum aus *Poltergeist* sah Spielberg übrigens jahrelang vor seinem Kinderzimmerfenster; er bereite-
te ihm dieselben Alpträume, die der junge Schauspieler auf
der Leinwand durchleben muß.

Kurz gesagt, das beunruhigende und oft bösartige Univer-
sum seiner Filme ist bereits in ihm lebendig. Es ist für ihn
Realität.

Doch mit Hilfe des magischen Auges der Kamera wird es
ihm gelingen, seine Dämonen auszutreiben und sie sich zu
Verbündeten, zu treuen Weggefährten auf seinem Weg zum
Ruhm zu machen.

---

Ich habe meinen Traum Wirklichkeit werden lassen!

---

Darin liegt das ganze Geheimnis des unglaublichen Erfolgs
von Steven Spielberg, der mit 36 Jahren bereits ein unge-
heures Vermögen angesammelt hat und zu einer der stärksten Persönlichkeiten der Filmwelt avanciert ist.

Er ist der Disney der modernen Zeiten, der moderne Peter
Pan.

Seine Leidenschaft für die Kamera und die *Lichter am Him-
mel* waren für Spielberg Zündstoff genug, um schon bald
seinen ersten Film zu drehen, einen Abenteuerfilm natürlich.

*Firelight* entstand 1964, als Spielberg gerade 16 Jahre alt
war.

Es war sein erster Science-fiction-Film, ca. 140 Minuten
lang.

Er hatte bereits an die 15 Filme dieser Art gedreht, seit er
die 8-mm-Kamera von seinem Vater geschenkt bekommen

hatte, doch dies war sein erstes richtiges »Werk«, zumindest in seinen Augen.

Mit einem Budget von 300 Dollar, das in der Folge auf 500 Dollar aufgestockt wurde (eine Angewohnheit, die er zur Verzweiflung seiner Geldgeber während seiner ganzen Karriere nicht ablegte).

Dieser Film war sein erster kommerzieller Erfolg. Sein Vater lud Freunde und Bekannte ein, und so brachte man eine Summe von 600 Dollar zur Deckung der Unkosten auf.

Es wurde ein Erfolg auf der ganzen Linie!

Spielbergs eigentliche Karriere begann jedoch erst mit einem anderen Film und basierte in erster Linie auf einer »zufälligen« Begegnung an den Stränden Kaliforniens.

Man schrieb das Jahr 1967. Spielberg machte die Bekanntschaft eines Mannes, der genauso heiß darauf war, Filme zu produzieren, wie es Spielberg danach verlangte, Filme zu realisieren.

Der wesentliche Unterschied zwischen den beiden bestand allein darin, daß der Mann ... Millionär war!

Es handelte sich um Denis Hoffman, den Besitzer einer Firma für optische Geräte. Hoffman sah sich einige der 8- und 16-mm-Filme Spielbergs an und war begeistert.

Er gab ihm 10.000 Dollar, um einen kurzen Streifen zu drehen. Für Spielberg war das ein Vermögen. Es gab jedoch eine Bedingung: Hoffman wollte, daß dieser Film ihm zugeordnet wurde.

Das heißt, im Vorspann sollte zu lesen sein: *Amblin von Denis Hoffman* – und nicht *Amblin von Steven Spielberg.*

Spielberg nahm seine Chance wahr: »Ich zögerte keine Sekunde. Ich nahm das Geld und machte mich daran, meinen ersten 32-mm-Film zu drehen.«

Spielberg sollte bei dieser Gelegenheit auch noch die Bekanntschaft eines anderen Filmbesessenen machen.

Es war Allen Daviau, der während seiner ganzen Karriere ständig zwischen Erfolg und Mißerfolg hin und her pendeln sollte.

Die beiden jungen Leute hatten absolut keine Ahnung, wohin sie der Weg konkret führen würde.

Sie wußten nur eines: Sie waren auf dem Weg zum Erfolg! In dieser Beziehung hegten sie nicht den geringsten Zweifel. Und dieser fast schlafwandlerische Optimismus sollte Spielberg auch niemals verlassen.

*Amblin,* ein kleiner Film, der die Geschichte eines halbwüchsigen Jungen erzählt, der per Anhalter nach Kalifornien reist, war ein großer Erfolg, und zwar insofern, als er sogar von dem großen Boß der Universal Television Company, Sid Sheinberg, sehr positiv aufgenommen wurde.

Dieser Film wurde sogar bei den Filmfestspielen von Venedig im Jahre 1969 vorgeführt.

Spielberg rastete nach diesem Erfolg völlig aus. Er erschien eines Tages geschniegelt und gebügelt bei der Universal Company und kam durch sämtliche Sicherheitskontrollen auf das Filmgelände.

Dort fand er ein leeres Büro mit Telefon, das er sofort in Beschlag nahm, und richtete sich dort häuslich ein.

Er besaß sogar die Frechheit, seinen Namen in das Firmentelefonverzeichnis aufnehmen zu lassen, und hielt sich den ganzen Sommer über ohne Genehmigung auf dem Gelände der Universal auf.

Er geisterte ständig durch die Gänge und Räume der verschiedenen Aufnahmestudios und beobachtete minutiös die unzähligen verschiedenen Arbeitsabläufe bei den Dreharbeiten.

Er versuchte bei mehreren leitenden Angestellten einen Job zu bekommen, doch ohne Erfolg. Er war viel zu jung, und man glaubte bei der Universal eben nicht an die Jugend.

Spielberg glaubte an sich und an sein Talent: *Er wußte, daß er zu großen Dingen fähig war, auch wenn er noch jung war. Die Gelegenheit, auf die er so sehr wartete, er würde sie bekommen.*

Doch seine Geduld wurde auf eine harte Probe gestellt. Seine erste »wirkliche Chance« erhielt er erst im Jahre 1971, als er die Regie zu dem Film *Das Duell* bekam.

Das war die Geschichte eines friedlichen Handelsvertreters, der von einem Tanklaster verfolgt wird, dessen geisteskranker Fahrer ihn ohne jeglichen Grund zu töten versucht.

*Das Duell* schildert diesen Wettlauf mit dem Tode auf den unwegsamen Straßen der Rocky Mountains.

Dieser Film wurde zum Durchbruch für Spielberg. Bei der Vorführung während der Fernsehtage in Monte Carlo fand er ein derartig überwältigendes Echo beim Publikum, daß die Herren der Universal endlich umdenken mußten.

Sie mußten endlich einsehen, daß sie in ihrem Stab einen – trotz seiner Jugend – höchst talentierten Regisseur hatten. Mit einem vergleichsweise kleinen Budget von 450.000 Dollar war es dem jungen Regisseur gelungen, einen Gewinn von sechs Millionen Dollar einzuspielen.

Und da Direktoren einer Filmgesellschaft in erster Linie einmal Geschäftsleute sind, ließ sie ein solcher Gewinn in keinster Weise kalt.

Denn eines ist in Hollywood ein ungeschriebenes Gesetz:

---

Geld allein ist die einzige Meßlatte für den Erfolg!

---

Dann kam der »Knüller«. Eine Offenbarung, der absolute Durchbruch eines Genies!

Es kam: *Der weiße Hai.*

Es war für das Publikum die absolute Erfahrung des Schreckens. Doch schon die Dreharbeiten entwickelten sich zu einem Alptraum für die Schauspieler und das Filmteam. Der Grund war der riesige technische Aufwand, der für diesen Film getrieben wurde.

Es waren 52 Drehtage veranschlagt. Am Ende waren es 155, wobei die Schauspieler immer vor Ort sein mußten.

Was die Riesenhaie anbetraf – es waren drei an der Zahl –, so wog jeder an die 3000 Kilo und kostete jeweils 150.000 Dollar.

Wegen der Komplexität dieser Maschinen wurde allein das Anfangsbudget um über drei Millionen Dollar aufgestockt.

Und so stiegen die Kosten beinahe ins Unermeßliche. Die Dreharbeiten brachten das komplette Team an den Rand des Wahnsinns. Da der Film an 155 Tagen in einer einsamen Gegend an der Küste von Neuengland aufgenommen wurde, hatten alle Beteiligten das, was man Lagerkoller nennt.

Und dann kam der Film in die Kinos!

Die Begeisterung, mit der er vom Publikum aufgenommen wurde, war umwerfend.

Am 5. September 1975, also 80 Tage nach seiner Premiere – er lief mit einem Werbeetat von 2.500.000 Dollar in fast 1000 Kinos in den USA an –, hatte *Der weiße Hai* alle bis dato aufgestellten Rekorde geschlagen.

Und das waren nicht wenige:  Der Exorzist
                              Der Clou
                              Vom Winde verweht
                              Der Pate

*Der weiße Hai* wurde zum »Film Nummer eins« aller Zeiten. Die Universal wollte Spielberg zu einer Fortsetzung überreden, doch der junge Regisseur lehnte damals noch ab. Er hatte andere Pläne. Das einzige Zugeständnis, zu dem er damals bereit war, war, daß Richard Dreyfuss wieder die Hauptrolle in seinem nächsten Film bekommen sollte.

Sein nächster Film wurde noch eine Spur besser und teurer. Es war der Science-fiction-Film *Unheimliche Begegnung der dritten Art*.

Mit diesem Film hatte Spielberg genau die Herzen der Amerikaner getroffen.

Sechs Millionen Amerikaner glauben nämlich daran, daß die Erde regelmäßig von UFOs heimgesucht wird, und so war dieser Film gerade nach ihrem Geschmack.

Die Kosten waren wie der Film kolossal. Für alles in diesem Film: Schauspieler, Beleuchtung, Ton, Modelle, waren internationale Spitzenkräfte engagiert worden.

Allein das außerirdische Wesen, das aus dem Mutterschiff auftauchen sollte, kostete die Summe von 3,5 Millionen Dollar.

Der Film löste wahre Begeisterungsstürme aus. Nach nur einem Monat Laufzeit hatte sich die *Unheimliche Begegnung der dritten Art* bereits an die neunte Stelle der Erfolgsfilme gesetzt. 1978 war er auf Platz drei, und es ging noch weiter nach oben.

Steven Spielberg lernte bei einem Urlaub auf Hawaii George Lucas kennen, dessen berühmter Film »Krieg der Sterne« ebenfalls die Kinos erobert hatte.
Der Gedanke, sich zusammenzutun, lag nahe, und so tauchte das Gespann bald in den Aufnahmestudios mit einem neuen Drehbuch auf.
Es war das Buch zu dem Abenteuerfilm *Der Jäger des verlorenen Schatzes.*
Spielberg hatte schon immer damit geliebäugelt, einen Film à la Bond zu drehen. Das war die Gelegenheit, jetzt oder nie!
Paramount Pictures setzte allerdings, was die Kosten für dieses Projekt betraf, sehr enge Maßstäbe. Man kannte nämlich die Vorliebe von Spielberg und Lucas, ihre Budgets weit zu überziehen.
Die Dreharbeiten begannen im Juni 1980 und dauerten nur 73 Tage, während die Paramount 87 Tage veranschlagt hatte.
Man drehte auf Hawaii, in Tunesien und in Kalifornien. Um zu sparen, vollbrachte man wahre Wunder.
So waren für die Ausgrabungen in der Wüste 2000 Araber vorgesehen. Man schaffte es, mit 600 auszukommen und es durch raffinierte Einstellungen der Kameras so darzustellen, als wären es viermal so viele.
Das Ausgrabungsgelände sollte sich über 80 Hektar erstrecken. Man kam mit 30 aus und ersparte sich so 750.000 Dollar.
Diese Summe wurde für das Ausleihen von 4500 Schlangen verwendet.
Dieser Film ist besser als »Bond«, erklärte Lucas.
Er hatte recht: Als der Film im Juni 1981 in den Kinos anlief,

kam zur gleichen Zeit der Bond-Streifen *For Your Eyes Only* in die Spielpaläste.

*Der Jäger des verlorenen Schatzes* spielte dreimal höhere Gewinne ein als der Bond-Streifen.

Bei der Premiere in Paris mußten 500 Leute abgewiesen werden.

Paramount Pictures verbuchte Gewinne in einer Höhe von sage und schreibe 224 Millionen Dollar, eine Summe, an die man anfangs niemals zu glauben gewagt hätte.

Nach einem derartigen Erfolg wußte Spielberg genau, daß Actionszenen gepaart mit Angst beim Publikum besonders gut ankommen.

Und so machte er sich an seinen ersten Horrorfilm! Und was für einen! Es entstand *Poltergeist.*

Spielberg hielt sich strikt an den folgenden Grundsatz:

---

Nur das machen, wovon man etwas versteht, und auch nur über das reden, wovon man eine Vorstellung hat!

---

Er beschloß, das Leben, die Angst und die nächtlichen Schrecken eines kleinen Jungen und eines kleinen Mädchens in einer Vorstadt zu zeigen.

Einer Vorstadt, die er aus seiner Kindheit nur zu gut kannte, und ein Leben, das sich in seiner Kindheit tief in sein Unterbewußtsein eingegraben hatte.

Spielberg schrieb selbst das Drehbuch. Tag für Tag saß er von morgens acht bis nachmittags vier Uhr daran.

Die Dreharbeiten begannen am 11. Mai 1981 in den Studios der MGM.

*Poltergeist* wurde für Spielberg sowie auch für die anderen zu einer Ochsentour. Sein Perfektionismus in allen Dingen wurde für das Drehteam wieder einmal zu einer Belastung bis an die Leistungsgrenze.

*Poltergeist* verschlang elf Millionen Dollar an Drehkosten, doch der Erfolg ließ nicht lange auf sich warten.

Nach diesem Triumph machte sich Spielberg an sein Meisterwerk. Es sollte ein Film voller Zauber, Liebe und Magie werden: *E.T.*

Es war der größte Erfolg der Filmgeschichte. *E.T.* spielte dreimal soviel ein wie der bis dahin beste Film des Jahres. Später sagte Spielberg einmal: »Ich wollte ein Wesen schaffen, das jedes Kind und jede Mutter lieben konnte.« Und scherzhaft fügte er hinzu: »Außerdem kostete es nur die Hälfte von dem, was uns Marlon Brando gekostet hätte!«

Dieser Mann, Steven Spielberg, brachte der Universal Film Company einen Gewinn von 800 Millionen Dollar.

Dies war aber nur eine Filmgesellschaft, für die er tätig war, und diese Einnahmen stammten lediglich aus zwei Filmen.

Verstehen Sie nun, daß Spielberg auf dem Höhepunkt seiner Karriere eine Million Dollar am Tag verdiente?

Wenn man die Anfänge Spielbergs und seinen fulminanten Aufstieg betrachtet, so zeigt sich ganz deutlich, daß der finanzielle Background zwar für jeden Geschäftsmann eine wichtige Rolle spielt, daß er aber keinesfalls immer entscheidend ist.

Oder glauben Sie, daß Steven Spielberg den Erfolg hatte, nur weil er am Anfang Geld für seinen ersten Film bekommen hatte? Sein Erfolg ist ganz allein dadurch begründet, daß er ein Perfektionist in seiner Arbeit ist und unermüdlich so lange arbeitet, bis das Ergebnis seinen Vorstellungen entspricht.

Nachdem Sie nun die Lebensgeschichte von Henry Ford und Steven Spielberg gelesen haben, werden Sie einsehen, daß beide niemals nur daran gedacht haben, Geld zu verdienen.

Solche Leute wurden zwar reich, nachdem sie ihr Ziel erreicht haben, aber sie sind in keinster Weise »eiskalte Ausbeuter« als Unternehmer, wie viele Menschen dies oft glauben.

Wußten Sie, daß Henry Ford im Jahr seines Todes über

450 000 Menschen beschäftigte, denen er Arbeit gab? Und Spielberg: Seine Schauspieler und Kamerateams wurden durch den Erfolg seiner Filme weltberühmt. Sie profitierten sozusagen von der Genialität des Regisseurs.

Und so hören Sie ein weiteres Grundprinzip für den Erfolg:

---

Man muß sich zuerst darüber klarwerden, was man der Allgemeinheit an Produkten oder Dienstleistungen anbieten kann, bevor man an den eigenen Profit denkt.

Das Geld kommt ganz von allein, wenn das Produkt von guter Qualität ist.

---

Werden Sie der Beste Ihrer Branche, und das Geld wird Ihnen wie durch ein Wunder zuströmen.

Der amerikanische Philosoph Emerson hat einmal gesagt:

»Der, der die beste Mausefalle konstruiert, der die beste Predigt hält, der das beste Buch schreibt, der die beste Ware verkauft, kann sein Haus im tiefen Urwald bauen, die Kunden werden nicht die Mühe scheuen, Straßen zu errichten, um zu ihm zu kommen.«

# Kapitel 12

# Erfolge durch Aktienspekulationen, Millionen durch Optionen

# Reich durch Aktienspekulationen

Wenn Sie fest angestellt sind, das wissen Sie, haben Sie wenig Chancen, reich zu werden.

Ihr Gehalt reicht in der Regel zur Befriedigung Ihrer monatlichen Bedürfnisse und Auslagen.

Diejenigen unter Ihnen, die in eine leitende Position aufsteigen, verdienen etwas mehr, aber richtig reich werden sie auch nicht.

Wenn Sie einen Teil Ihres Ersparten als »Festgeld« anlegen, so ist das zwar völlig in Ordnung, denn Ihr anerzogenes Sicherheitsgefühl wird dadurch befriedigt.

Leider werden Sie am Ende des Jahres feststellen, daß Sie zwar mehr Zinsen bekommen haben als auf dem Sparbuch, aber durch die allgemeine Inflation und die gestiegenen Preise bleibt meist nur ein sehr bescheidener Gewinn unter dem Strich übrig.

Sie müssen einen Teil Ihres Kapitals in der Finanzwelt, nämlich in Aktien oder Optionen, anlegen und so das Geld für sich arbeiten lassen.

Fast alle sogenannten »Neureichen« unserer Zeit, die in wenigen Jahren Millionär geworden sind, sind entweder durch Immobilien oder durch Aktienspekulationen reich geworden.

Hängen Sie sich doch einfach an diese »Großen«, um sich selbst ein Vermögen zu schaffen.

Leider ist unsere »finanzielle« Ausbildung gleich Null.

Wir lernen zwar viele Dinge im Leben, von denen sehr viele wirklich vollkommen überflüssig sind, aber wie man *wirklich erfolgreich* an der Börse spekuliert, lernen wir leider überhaupt nicht.

Dabei bieten Aktien eine nahezu perfekte Anlagemöglichkeit. Da sie den Folgen der Geldentwertung entgegensteuern, sind sie eigentlich nichts anderes als Ihre persönliche Teilhaberschaft an dem Erfolg und an dem Kapital von Firmen und Gesellschaften.

Die Wahl der Aktien muß jedoch mit größter Vorsicht und Sorgfalt erfolgen:
Kauft man wahllos, kann man die gerade genannten Vorteile gänzlich zunichte machen.
Denn die Aktie kann an Wert verlieren, ein Verlust, der nichts mit der Geldentwertung zu tun hat, sondern andere Ursachen hat.
Man darf also nie außer acht lassen, daß die Entwicklung der Börsenkurse drei Einflüssen unterworfen ist:

- der finanziellen Realität
- der Vorstellung, die das Publikum von dieser Wirklichkeit hat
- dem Wunschdenken der Anleger, wie sich der Kurs entwickelt

Ist man jedoch einigermaßen realistisch, kauft und verkauft man Aktien aufgrund tatsächlicher Vorgänge und keinesfalls »nach Gefühl«, womit man sich recht gut gegen Verluste absichern kann.
Zumindest verliert man nicht auf lange Sicht. Kurzfristige Verluste können immer wieder vorkommen.
Die Wahl ist schwer!
Bisher war alles Theorie. In der Praxis sieht es ein wenig anders aus, denn es ist nicht leicht, in Aktien zu investieren.
Entweder man sucht sich einen Berater, das heißt einen Börsenmakler, oder man geht zu seiner Bank. Dort gibt es in der Regel Anlageberater, die keine andere Aufgabe haben, als ihre Kunden über die aktuellen Aktienkurse zu informieren.
Oder man kauft sich aktuelle Zeitschriften, die einen über die Trends der Aktienkurse informieren, z. B.:

Börsenspiegel
Effektenspiegel
Das Wertpapier
Handelsblatt
Capital

Diese Zeitschriften haben es sich zur Aufgabe gemacht, dem privaten und professionellen Anleger Tips zu geben, wie man mit Aktien am meisten Geld verdienen kann.

In vielen Bereichen kann ein Experte die Zukunft treffend voraussagen. Diese Voraussagen werden immer sicherer, da die Methoden hierfür ständig verbessert werden.

Im Aktienbereich gibt es dafür sogenannte Charts, die graphisch die periodischen Schwankungen der Kurse darstellen. An der Börse sind solche Voraussagen selbstverständlich von größter Wichtigkeit und bieten einen enormen Vorteil, wenn es darum geht, mit Bestimmtheit verschiedene Änderungen vorauszusagen.

Kennen Sie die Begriffe Hausse und Baisse?
Wenn nicht, dann sollten Sie sich diese Begriffe schnellstens aneignen.

Hausse: Bezeichnet ein Hoch an der Börse. Die Aktien steigen, und die Anleger werden zum Kaufen animiert. Jeder versucht auf den fahrenden Zug aufzuspringen und möglichst viel Gewinn zu machen.

Baisse: Bezeichnet ein Tief an der Börse. Die Aktien fallen, und die Anleger müssen ihre Aktien schnellstens verkaufen, um den Schaden zu begrenzen, den sie bei einem Kurssturz unweigerlich haben.

Außer den normalen Aktienschwankungen, die natürlich optimal zum Spekulieren geeignet sind, haben Aktien den Vorteil, daß Firmen, die erfolgreich wirtschaften, am Ende des Jahres ihren Anlegern eine Dividende auszahlen.

Dies ist eine Erfolgsbeteiligung am wirtschaftlichen Aufstieg der Firma, die ja ihr Kapital von den Aktionären erhalten hat. Lassen Sie sich als Aktienanleger nicht von vorübergehenden Tiefs beeinflussen.

Die Börse hat seit 100 Jahren bewiesen, daß sie sozusagen stoßweise arbeitet.

# Die Regeln der Börse

Die erste Regel, die Aktienanleger beachten müssen, ist:

*Aktien haben eine gewisse Eigendynamik. Nach einem »Hoch« folgt meist ein starkes »Tief« und umgekehrt – man kann es fast mit dem Wetter vergleichen.*

Plötzliche »Tiefs« haben meist einen Grund, der mit der wirtschaftlichen Lage des Unternehmens überhaupt nichts zu tun hat.

Oft kann ein Gerücht, das an der Börse verbreitet wird, die eine oder andere Anleihe sprunghaft nach oben oder unten gehen lassen.

So hat einmal ein einziger Satz in einer Rede eines amerikanischen Präsidenten, nämlich daß der erwartete Aufschwung der amerikanischen Wirtschaft in absehbarer Zeit noch ausbleibe, die gesamte Börse an der »Wall Street« erschüttert.

Der Golfkrieg hat die Aktienkurse schlagartig sinken lassen, weil in Kriegs- und Krisenzeiten die Anleger sich lieber auf wertbeständige Anlagen wie Gold oder Immobilien einlassen. Als der Golfkrieg nach einigen Monaten wieder zu Ende war, gingen die Aktien wieder schlagartig nach oben.

Weitere Regeln im Börsengeschäft, die von Börsenexperten immer wieder publiziert werden:

*Wenn die Kurse fallen, muß man kaufen, wenn sie steigen, muß man verkaufen.*
*Auch wenn dies der menschlichen Logik total widerspricht; aber Sie wissen jetzt bereits, daß die Kurse immer periodischen Schwankungen unterliegen.*

*Niemals das ganze verfügbare Kapital nur in eine einzige Aktie stecken, auch wenn gerade diese sehr viel Erfolg verspricht.*

*Immer die Anlage auf mehrere Aktien verteilen und so natürlich auch das Risiko.*

*Auf keinen Fall nach Gefühl kaufen oder verkaufen. Gefühle sind an der Börse nicht gefragt.*

*Nie glauben, daß man am Tiefpunkt kaufen und am höchsten Punkt verkaufen kann. Solche Gewinne wären ein reiner Zufall und wiederholen sich mit Sicherheit nicht wieder.*

Die »goldene Regel« aber, um an der Börse Gewinne sicherzustellen, lautet:

*Wenn die Kurse steigen, ein Drittel der Wertpapiere verkaufen. Sobald die Steigerung 15 Prozent erreicht hat, ein weiteres Drittel und nach einer Steigerung von 30 Prozent den Rest verkaufen.*

Das gleiche gilt natürlich umgekehrt für den Fall der Kurse. Haben Sie schon einmal auf diese Weise in Aktien investiert? Nein? Dann versuchen Sie es doch einmal, und Sie werden sehen, daß Sie auf längere Sicht gesehen erstaunliche finanzielle Erfolge erzielen werden.

# Millionen mit Optionen

Eine Option ist eigentlich nichts anderes als das Recht, irgend etwas zu tun oder zu lassen.

Selbst Fußballvereine nutzen die Option auf einen Spieler, um ihn nach Ablauf des regulären Vertrages entweder für den eigenen Verein weiterspielen zu lassen oder ihn an einen anderen zu verkaufen.

Eine Aktienoption ist das Recht, eine feste Anzahl bestimmter Aktien zu einem festgelegten Preis innerhalb eines befristeten Zeitraumes zu kaufen oder zu verkaufen.

Es gibt zwei Arten von Optionen:

Kaufoptionen oder Calls. Sie berechtigen den Besitzer, eine Aktie zu einem festgelegten Zeitpunkt zu kaufen.

Verkaufsoptionen oder Puts. Sie verleihen dem Kunden das Recht, die Aktie zu veräußern.

Der Preis, zu dem die Aktie ge- oder verkauft wird, heißt Basispreis, ein Begriff, den Sie sich merken sollten.

Weil das Kauf- oder Verkaufsrecht nur für eine bestimmte Dauer gilt, hat jede Option ein Verfalldatum.

Der Optionsvertrag wird immer zwischen zwei Vertragspartnern geschlossen. Mit anderen Worten: Jedem Käufer einer Option steht als Kontrahent ein Verkäufer gegenüber.

Erwirbt man eine Kaufoption, ist die Gegenseite verpflichtet, die Aktien entsprechend zu liefern, wenn es der Käufer verlangt. Im umgekehrten Fall, bei einer Verkaufsoption, erwirbt der Käufer das Recht, Aktien zu verkaufen. Der Kontrahent muß dann die Papiere abnehmen und den vereinbarten Preis bezahlen.

Der Käufer wird Halter genannt, der Verkäufer Stillhalter.

Jeder Optionskontrakt weist vier Merkmale auf:

1. Den Optionstyp (Kauf- oder Verkaufsoption)
2. Die zugrundeliegende Aktie
3. Den Verfalltermin
4. Den Basispreis

*Beispiel eines solchen Terminkontraktes:*
Sie erwerben eine Kaufoption auf die Siemensaktie. Ein Kontrakt lautet immer über 50 Aktien. Der Basispreis liegt bei 600 DM pro Aktie. Der Verfalltermin liegt bei 600 DM im Juni des gleichen Jahres.
Die Aktie hat zur Zeit einen Kurs von 550 DM. Wenn Sie eine Kaufoption gewählt haben, glauben Sie, daß der Kurs der Siemensaktie im Juni über dem Kurs von 600 DM liegt. Sollten Sie mit Ihrer Prognose richtig liegen und der Kurs beispielsweise bei 620 DM liegen, haben Sie mit einem einzigen Kontrakt 50 mal 20 DM, das heißt 1000 DM, verdient. Mit mehreren Kontrakten sogar ein Vielfaches.

*Der Vorteil von Optionen:*
Als normaler Aktionär hätten Sie 50 Aktien kaufen müssen, das heißt bei einem Kurs von 520 DM einen Kapitaleinsatz von 26.000 DM einbringen müssen.
Die Kaufoption kostet Sie nur einen Bruchteil des tatsächlichen Kaufpreises; in diesem Fall z. B. 2000 DM für einen Kontrakt.
So haben Sie mit einer Option und einem Kapitaleinsatz von 2000 DM einen Gewinn von 1000 DM, das heißt 50 Prozent. Hätten Sie jetzt zehn oder 20 Optionen gekauft, hätten Sie ein Vielfaches an Gewinn.
Solche Gewinnmöglichkeiten nennt man »Hebelwirkung«, das heißt, mit wenig Einsatz wird viel Geld verdient.

Nun haben Sie gesehen, daß Aktien und Optionen zumindest eine gute Geldanlage gegen die allgemeine Inflation bieten.
Gute Anleger können auch stattliche Gewinne erzielen. Jemand, der etwas mehr Risiko nicht scheut, kann mit Optio-

nen und deren Hebelwirkung sogar seine erste Million mit Hilfe von Spekulationen machen.

Das ist absolut möglich und auch völlig legal. Und die meisten Leute der internationalen Hochfinanz haben einen großen Teil ihres Vermögens mit Spekulationen gemacht.

Erfolgreiche Amerikaner bedienen sich gerne einer neuen Formel: »Don't work hard, work smart!« – Arbeite nicht hart, arbeite mit Köpfchen.

*Traumhafte Gewinne*

Der Kalender zeigte Freitag, den 23. Oktober 1987. London erlebte einen seiner milden Herbsttage.

Im Londoner Vorort Gerrards Cross lehnte sich der Antiquitätenhändler Bob Willins auf seiner Terrasse zurück, genoß das Wetter und sein Glück.

Hatte er doch gerade erst einen satten Gewinn von 200.000 Pfund Sterling gemacht. Allerdings nicht mit altem Mobiliar.

Vielmehr hatte Willins diesen Coup an der Börse gelandet. Eine Rarität in diesen »Nach-Crash-Tagen«. Schließlich standen die Börsianer weltweit noch immer unter Schock.

Seit 1930 hatten die Börsen einen solchen schwarzen Tag nicht mehr erlebt. Innerhalb einer Woche war es zum dramatischsten Kursrutsch in der Börsengeschichte gekommen.

Der Dow Jones sackte von 2.755 auf 1.738 Punkte. Auch in London kollabierten die Aktienkurse. Der »Financial-Times-Index« war von 1.813 auf 1.435 Punkte gefallen.

In Frankfurt notierte der FAZ-Index elf Prozent niedriger.

Wie hatte es nun der Nicht-Börsianer Willins geschafft, die Anlageprofis um Meilen zu schlagen?

Nun, der Antiquitätenhändler hatte sich schon lange nicht mehr wohl gefühlt im Aktienmarkt und mit einem Rückschlag gerechnet.

Deshalb beschäftigte sich Willins schon seit längerem mit Verkaufsoptionen auf Aktien.

Am 19. Oktober 1987, der als zweiter Schwarzer Freitag nach 1929 in die Annalen einging, war es soweit:

Willins telefonierte dreimal mit seinem Broker in der City und ließ sich die stündlichen Veränderungen des »Financial-Times-Index« geben.

Kurz nach zwölf Uhr war der Index auf 1650 Punkte gefallen. Willins schlug zu. Er kaufte Verkaufsoptionen auf die Aktien von Jaguar, Lonroh und BAT Industries.

Diese Werte hielt er bei einem weiteren Kursabschwung für besonders anfällig.

Der Möbelkenner behielt recht. Der Markt fiel um weitere 70 Punkte. Drei Tage später, am 22. Oktober, hatte die weltweite Talfahrt der Aktien den Index auf 1400 Punkte gedrückt.

Willins hatte einen Volltreffer gelandet. Die Autoaktie Jaguar war um 20 Prozent gefallen, Lonroh um 21 und der Tabakkonzern um zehn Prozent gerutscht.

Seine Verkaufsoptionen waren nun viel Geld wert und bescherten Willins traumhafte Gewinne zwischen 300 und 400 Prozent auf seinen Einsatz von 50.000 Pfund.

Um solch saftige Gewinne von der Börse mitzunehmen, braucht man freilich keinen Crash wie 1987.

Das bewies Bill Deargon aus dem New Yorker Vorort Brooklyn. Deargon, im Beruf Drucker, kümmerte sich nicht viel um das Geschehen rund um Wall Street.

Nur Verlagsaktien verfolgte er aus beruflicher Neugier genauer, da ihm der Umstrukturierungsprozeß der Branche aufgefallen war.

Deargon unterhielt ein Brokerkonto mit knapp 150.000 Dollar bei einer amerikanischen Investmentbank in Manhattan.

Ende Mai 1987 hörte er von Gerüchten, daß der Medienkonzern Time Life übernommen werden könnte.

Die Aktie notierte damals um 125 Dollar. Für 1000 Aktien 125.000 Dollar auszugeben, war Deargon allerdings zuviel.

Deshalb orderte er 150 Kaufoptionen auf Time-Life-Aktien per Termin Juni bei einem Basispreis von 130 Dollar.

Eine Option kostete ihn 600 Dollar Prämie. Für seine 150

Optionen wurden ihm 90.000 Dollar plus Transaktionsspesen abgebucht.

Sein Mut sollte belohnt werden. Anfang Juni bot Paramount Communication pro Time-Life-Aktie 175 Dollar. Deargon verkaufte sein Optionspaket für 38 Dollar pro Aktie.

Innerhalb weniger Wochen hatte Deargon durch die »Hebelwirkung« aus 90.000 Dollar 540.000 Dollar gemacht und so seinen Einsatz versechsfacht. Aber Vorsicht: Die »Hebelwirkung« kann auch zu herben Verlusten führen.

# Die deutsche Terminbörse

Was Willins und Deargon mit Erfolg praktizierten, ist auch deutschen Anlegern auf breiter Basis möglich.

Im Januar 1990 eröffnete die Deutsche Terminbörse (DTB) ihre Pforten. Die Aktionäre können mit Optionsgeschäften an der Börse ein Vermögen verdienen.
Daß dies möglich ist, zeigt ein Börsenspiel der Zeitschrift »Handelsblatt« bei der Eröffnung. Dabei vermehrte sich der Durchschnittswert der fiktiven Depots aller Teilnehmer von 750.000 DM auf 3,5 Millionen. Ein Plus von 367 Prozent.
Der Traum, Millionär zu werden, den viele Menschen träumen, wurde mit einem Einsatz von 215.000 DM erreicht.
Natürlich wird sich nicht jeder Neuling gleich mit solchen Summen am Optionsmarkt engagieren, doch viele Beispiele zeigen, daß aus eingesetzten 20.000 DM schnell 100.000 DM werden können.
Das heißt, daß bei zehn Spekulationen von solchem Kaliber schnell die erste Million erreicht ist. Und wie Sie alle wissen, ist die erste Million ja bekanntlich »die schwerste«.
Durch diese Deutsche Terminbörse ist es Ihnen möglich, sich an gewagten Spekulationen zu beteiligen und ein Vielfaches des Einsatzes zu gewinnen.
Bisher waren nur die Börsenplätze Chicago mit seinen Warenterminkontrakten, London und New York bekannte Terminbörsen.
Das neue und mit Sicherheit aufregende Börsenjahrzehnt hat nun auch Frankfurt mit seiner Terminbörse zum internationalen Terminhandelsplatz gemacht.

Was bisher ausländische Börsen zu immer neuen Umsatzhöhen trieb, war der Terminhandel mit Wertpapieren und Optionen: Dieser professionelle Handel mit ganz neuen Finanzinstrumenten ermöglicht nie dagewesene Anlagemöglichkeiten.

14 besonders umsatzstarke Papiere wurden ins Rennen geschickt:

Allianz Holding
BASF
Bayer
BMW
Commerzbank
Daimler Benz
Deutsche Bank
Dresdner Bank
Hoechst
Mannesmann
Thyssen
Siemens
Veba
VW

Diese sogenannten Blue Chips stellen einen riesigen Marktanteil an der deutschen Wirtschaft, und das Marktverhalten und damit auch das Kursverhalten spiegeln die deutsche Wirtschaftslage wider.

Eines sollten Sie noch wissen, bevor Sie sich aufs internationale Börsenparkett wagen.
Die Deutsche Terminbörse ist eine vollelektronische Börse, die ohne Parkett und ohne Makler auskommt. Der Handel wird über Bildschirmterminals abgewickelt, die direkt mit dem Zentralcomputer der Terminbörse verbunden sind.

# Kapitel 13

# Der große Onassis

Eine der schillernden Figuren der Finanzwelt, die jahrelang auf dem Höhepunkt ihrer finanziellen Karriere auch die Titelseiten der Regenbogenpresse schmückte, war Aristoteles Onassis.

Aristoteles Onassis wurde am 20. Januar 1906 in dem griechischen Smyrna (dem heutigen Izmir), einer blühenden Stadt an der Westküste der Türkei, geboren.
Unter den reichen Leuten dieser Welt nahm Onassis eine Sonderstellung ein. Er gehörte zu den wenigen Menschen, die ein »Fabelvermögen« besaßen, das sich eher in Milliarden als in Millionen beziffern ließ.
Aufgrund der weltweiten Publizität, die ihm seine turbulenten Liebesbeziehungen zu der berühmten Sängerin Maria Callas und anschließend zu der Witwe John F. Kennedys einbrachten, ist Onassis zu einer Legende geworden.
Und wie so oft in solchen Fällen werden auch über ihn zahlreiche Unwahrheiten oder zumindest Halbwahrheiten kolportiert.
Ein Paradebeispiel dafür ist seine angeblich bescheidene Herkunft. Gerüchten zufolge entstammt er einer armen Familie, die der Vater nur durch den Straßenverkauf selbstgefertigten Flitterkrams über Wasser halten konnte, während seine Mutter Hausfrau war.
Ein Gerücht, wie gesagt, das Onassis aber niemals richtigzustellen versuchte, zumindest nicht in der Öffentlichkeit, mehrte es doch seinen Ruhm, den er nie aus den Augen verlor.
Er war sich durchaus bewußt, welche Bedeutung dem Bild, das man von ihm hatte, auf dem Weg zum Erfolg zukam.

Die Wahrheit ist, daß der Vater von Onassis, Sokrates Onassis, ein reicher Kaufmann war, der als Präsident der örtlichen Bank und des Krankenhauses eine hohe soziale Stellung einnahm.
Trotzdem wurde Onassis nicht durch das väterliche Erbe reich. Er verdankte seinen Erfolg nicht dem Vermögen des Vaters.

Denn als er im Alter von 17 Jahren nach Südamerika ging, um dort sein Glück zu machen, hatte er gerade 450 Dollar in der Tasche, wovon nur 250 Dollar vom Vater stammten.

Sein Vater hatte dieses Taschengeld erst in letzter Minute herausgerückt, da er die Abreise seines Sohnes nicht billigte.

Man muß dazu sagen, daß das Verhältnis zwischen Vater und Sohn alles andere als gut war, gar nicht wie sonst üblich in griechischen Familien.

Der Vater von Onassis, der bäuerlicher Herkunft war und sein Vermögen mit der Kraft seiner Hände aufgebaut hatte, war ein Mann von äußerster Disziplin.

Er besaß ein ausgeprägtes Pflichtbewußtsein, war aber kaum warmherzig zu nennen.

Sein Sohn Aristoteles entwickelte dagegen sehr bald eine offenkundige Abneigung gegen jede Art von Disziplin. Er war als Kind und auch später als Jugendlicher ungestüm und undiszipliniert, sehr zum Mißfallen seines Vaters.

In der Schule erwies sich Onassis wie so viele, wenn nicht sogar die meisten reichen Männer als bemerkenswert schlechter Schüler und ständiger Störenfried, so daß er mehrmals die Schule wechseln mußte.

Tatsächlich war er meist der schlechteste Schüler seiner Klasse. Ein Lehrer, der sich noch an ihn erinnerte, sagte später über ihn:

>»Er wurde von seinen Klassenkameraden geliebt und brachte seine Lehrer zur Verzweiflung. Als er noch jung war, konnte man schon sehen, daß er zu denen gehören sollte, die sich entweder selbst zerstören oder eine glänzende Karriere machen würden.«

Wenn auch die schulischen Leistungen des jungen Onassis kaum als brillant zu bezeichnen waren, so entwickelte er andererseits doch schon sehr früh eine kaufmännische Ader und damit das Gefühl für Geld und Gewinn.

Einer seiner Freunde hatte ein kleines Windmühlenmodell gebaut, ein primitives Spielzeug, das lediglich aus einem

Papiersegel bestand, das mit einer Nadel an einem Holzstöckchen befestigt war.

Der Junge war stolz auf sein Werk und dachte daran, mehrere Modelle dieser Art anzufertigen und zu verkaufen.

»Was verlangst du dafür?« fragte Aristoteles seinen Freund.

»Ich weiß nicht so genau, vielleicht eine Nadel?« sagte dieser.

»Armer Irrer!« rief Aristoteles. »Du verlangst dafür nur eine Nadel, während du mir allein schon eine Nadel, ein Segel und ein Stück Holz gibst, ganz zu schweigen von der Zeit, die du gebraucht hast, um deine Mühle zu bauen.«

»Das war meine erste Lektion in Sachen Profit«, sagte sein Freund bei einem Interview später. »Zu diesem Zeitpunkt wußte ich allerdings noch nicht, daß ich gerade eine Lektion von einem zukünftigen Finanzgenie erteilt bekommen hatte.«

Aristoteles Onassis' früh ausgeprägter Geschäftssinn wird auch durch eine andere Anekdote offenkundig.

Eines Tages brach in seiner Geburtsstadt in einem Geschäft für Schulbedarf ein Feuer aus.

Onassis kaufte billig eine Partie Bleistifte, die durch den Brand beschädigt und deshalb unverkäuflich waren.

Er investierte etwas Geld für den Kauf von zwei Bleistiftspitzern und möbelte dann die Bleistifte zusammen mit einem Freund wieder auf, indem er den beschädigten Teil einfach verschwinden ließ.

Dann verkaufte er sie zu einem absolut konkurrenzlosen Preis an seine Kameraden und sicherte sich trotzdem noch einen hübschen Gewinn.

Dieses Beispiel mag Ihnen vielleicht banal vorkommen, daher sei Ihnen gesagt, daß Onassis später genau das gleiche machte.

Er kaufte havarierte Schiffe auf, ließ sie reparieren und verkaufte sie mit Gewinn weiter.

Von einer Verbesserung seiner schulischen Leistungen konnte auch in den späteren Jahren wohl kaum die Rede sein.

Das Jahr 1922 begann schlecht für ihn. Mehrere seiner Mitschüler hatten das College mit einem Diplom abgeschlossen und gingen nun nach Europa, um dort zu studieren.
Onassis dagegen war durchgefallen, und seine Zukunftsaussichten waren wenig vielversprechend.
Einer seiner Freunde erinnerte sich daran, wie er Onassis einige Tage nach der Verteilung der Diplome allein in einem öffentlichen Park begegnet war und versucht hatte, ihn aufzumuntern.
»Mach' dir nichts daraus, Aristoteles, du wirst sehen, das läßt sich alles noch einrenken. Du hast ja noch nächstes Jahr, und dann schaffst du es auch, da bin ich ganz sicher.«
»Du Idiot«, erwiderte Onassis. »Du glaubst doch nicht, daß ich in dieser Stadt bleiben werde. In meinen Augen ist die Welt schon zu klein. Ich brauche kein Diplom. Eines Tages wirst du staunen, was ich alles erreicht habe!«

Die recht wechselvolle Jugend von Onassis wurde durch die türkische Invasion im Jahre 1922 überschattet.
Smyrna wurde besetzt, gnadenlos wurden Bürger niedergemetzelt. Der Vater von Onassis wurde als Lokalgröße eingekerkert, und so übernahm Aristoteles mit 16 Jahren die Verantwortung für die Familie.
Damit begann für ihn eine äußerst harte Zeit, in der er sein ganzes diplomatisches Geschick und seinen Überlebenswillen in die Waagschale werfen mußte.
Doch die Erfahrungen dieser Zeit, waren sie auch noch so schmerzlich, haben wesentlich zur Charakterbildung von Onassis beigetragen.
In dem Buch »Der große Onassis« liest sich das folgendermaßen:»Aristoteles ging aus der Katastrophe von Smyrna als gereifter Mann hervor. Die dunklen Bilder der Vergangenheit hatten sich unauslöschlich in sein Gedächtnis eingegraben.«
Gleichzeitig war ihm aber auch in starkem Maße bewußt geworden, daß er die Fähigkeit hatte, ein solches Drama zu überleben.
Er hatte auf sein Glück gesetzt, und das hatte sich ausgezahlt.

Diese Erkenntnis wurde für ihn zum zentralen Leitsatz seines Lebens.

Onassis wußte die türkische Besatzung durchaus auch zu nutzen. So beschaffte er der feindlichen Armee geschmuggelten Alkohol und bemühte sich bei dieser Gelegenheit auch darum, die Gunst der Generäle zu gewinnen, um seinen Vater freizubekommen, der trotzdem fast ein Jahr gefangengehalten wurde.

Onassis verdankte einen großen Teil seines Erfolges seinem unwahrscheinlichen Charme und seiner Kontaktfreudigkeit.

Einige seiner Zeitgenossen bezeichneten ihn als wahres Chamäleon.

*Tatsächlich beherrschte er die Kunst, sich immer wieder voll und ganz auf seine jeweiligen Gesprächspartner einzustellen.*

Außerdem hatte er sich ein Prinzip zu eigen gemacht, das ihm sein ganzes Leben lang von Nutzen sein sollte und das er selbst auf folgenden Nenner brachte:

Wenn man sich bei den Leuten umgänglich zeigt, gewinnt man im allgemeinen auch ihre Sympathie.

Onassis wurde einmal gefragt, inwieweit schwierige Lebensbedingungen einen Menschen formen könnten. Er antwortete:

»Ich glaube, daß ein Mensch, der mit aller Annehmlichkeit lebt, kaum Unternehmungsgeist zeigt.

Dagegen hat der Mensch, der unter schwierigen Bedingungen lebt, der kurz gesagt ums Überleben kämpfen muß, mehr Chancen, sich in allen Situationen zurechtzufinden und erfolgreich zu sein.«

*Das heißt, er wird auch dort seine Chance wahren, wo der
andere mangels Motivation scheitert.*

Deshalb, so meinte Onassis, seien Unglück und Elend für
den einzelnen oftmals ein Ansporn:

- sich auf sich selbst zu besinnen und ungeahnte Kräfte
  freizumachen,
- über sich hinauszuwachsen und seine eigenen Grenzen
  zu sprengen.

Onassis' Vater Sokrates war kaum bereit, die Rolle, die die
Vorsehung seinem Sohn während der Besatzungszeit zu-
gedacht hatte, anzuerkennen, und so zeigte er sich nach
seiner Entlassung auch nicht willens, ihm länger die Vor-
machtstellung in der Familie zu überlassen.
Es war ganz natürlich, daß Aristoteles ihm das verübelte.
Später gestand er sogar, daß er über lange Monate hinweg
unter einem starken Ohnmachtsgefühl gelitten hatte.
Die Undankbarkeit seines Vaters und das zermürbende
Gefühl, aus dem Familienclan ausgeschlossen zu sein, wa-
ren sicher mitbestimmend für seine Entscheidung, seine
Chance in Südamerika zu suchen.
Zunächst hatte er daran gedacht, in die USA zu gehen,
doch ein Visum zu bekommen war zu jener Zeit keine leich-
te Sache und mit allzu vielen Auflagen verbunden.
Onassis entschied sich dann für Argentinien, zumal dorthin
schon mehrere Griechen ausgewandert waren und ihr
Glück gemacht hatten.

Onassis kam am 21. September 1923 in Buenos Aires an.
Er hatte einen alten Koffer und lumpige 450 Dollar bei sich.
Aber das war ihm gleichgültig. In sich trug er die wilde Entschlossenheit, seinem Vater zu beweisen, daß er auch ohne seine Hilfe reich werden konnte.
Und er hatte ein unerschütterliches Selbstvertrauen, das ihn
während seines ganzen Lebens niemals verlassen sollte.

Ohne Diplom, ohne Beruf, ohne Geld und ohne einflußreiche Beziehungen in einem fremden Land zu etwas zu kommen ist wahrlich nicht leicht.

So war auch Onassis gezwungen, nicht gerade glanzvolle Beschäftigungen anzunehmen. Er war Maurergehilfe, Ziegelträger und Tellerwäscher und landete schließlich als Elektrikerlehrling bei der United Telephone.

Onassis mit seiner durchaus positiven Selbsteinschätzung schwebte allerdings etwas ganz anderes vor. Deshalb bat er, kurz nachdem er bei der Telefongesellschaft begonnen hatte, um seine Versetzung in die Nachtschicht, da er tagsüber anderweitig beschäftigt sei.

Ehrgeizig wie er war, hatte er nicht die Absicht, viel Zeit damit zu verbringen, Drähte zu löten.

Sein Traum war es, ein eigenes Geschäft aufzubauen.


Der Tabakhandel sollte ihm dazu die Gelegenheit bieten.

Zu jener Zeit genoß der griechische Tabak ein großes Ansehen. In den Augen eines manchen Kenners galt er sogar als einer der besten Tabake der Welt.

Als Onassis dies erkannte, schrieb er an seinen Vater, er möge in Griechenland entsprechende Schritte unternehmen, um ihn mit Tabak zu beliefern.

Sein Vater akzeptierte, und Onassis erhielt die ersten Mustersendungen.

Die ersten Vorstöße waren jedoch enttäuschend. Onassis verteilte die Tabakmuster an die Fabrikanten in der Hoffnung, bald von ihnen zu hören.

Wochen vergingen, ohne daß er einen einzigen Geschäftsabschluß tätigen konnte. Er sah ein, daß es sinnlos war, seine Zeit mit kleinen Fabrikanten zu verschwenden, und beschloß, statt dessen lieber auf »Großwildjagd« zu gehen.

Es war Juan Ganoa, der Direktor einer der größten Tabakfirmen Argentiniens, den er aufs Korn nahm.

15 Tage lang bezog er Posten vor dem Gebäude von Ganoa und beobachtete dessen Kommen und Gehen.

Irritiert von diesem sonderbaren jungen Mann, lud Ganoa

ihn schließlich in sein Büro ein, um zu erfahren, was er von ihm wollte.

Onassis zog alle Register seines Verkaufstalents und unterbreitete ihm sein Angebot. Ganoa war beeindruckt und verwies ihn an den Leiter des Einkaufs, den Onassis mehr oder weniger einwickelte, indem er geschickt in das Gespräch den Namen des Chefs einfließen ließ.

Auf diese Weise brachte er seinen ersten Vertrag unter Dach und Fach. Einen Vertrag über 10.000 Dollar bei der üblichen Kommission von fünf Prozent.

Onassis hatte später des öfteren darauf hingewiesen, daß diese 500 Dollar, die er mit diesem Geschäft verdient hatte, der Grundstock für sein späteres Vermögen waren.

Der zweite und größere Auftrag belief sich auf 50.000 Dollar und brachte ihm 2500 Dollar an Provision ein. Das Geld ging alles auf die Bank, um den Start künftiger Projekte abzusichern.

Das war weise gedacht und zeugte von einem beispielhaften wirtschaftlichen Weitblick, der es ihm erlaubte, im Geschäftsleben endgültig Fuß zu fassen, und zwar ohne Schulden machen zu müssen.

Seinen Lebensunterhalt bestritt Onassis von seinem Gehalt bei der Fernsprechgesellschaft. Sein Bankkonto wuchs schnell auf eine fünfstellige Zahl an.

Zwar mußte Onassis manchmal trotzdem Geld aufnehmen, wenn er auf Kundengelder wartete, doch waren das selten mehr als 3000 Dollar Schulden, die er dann aber auch immer möglichst schnell beglich.

Als Onassis später allerdings die Vorzüge des O.P.M. (Other People's Money) entdeckte, arbeitete er mit Schulden von mehreren Millionen Dollar, deren Rückzahlung sich über mehrere Jahre erstreckte.

Doch am Anfang gehörte es zu seinen Prinzipien, seine Schulden möglichst schnell zu tilgen.

Auf diese Weise schuf er bei den Banken Vertrauen, und das sollte er in den kommenden Jahren auch dringend brauchen.

Nach einem Jahr (Nacht-)Arbeit verließ Onassis die United Telephone.

Als Grund gab er lediglich an, er habe da so eine Idee. Er wollte seine eigenen Zigaretten herstellen.

Er finanzierte das Projekt mit seinen gesparten 25.000 Dollar und nahm noch einmal soviel auf.

Seine Vertrauenswürdigkeit trug bereits Früchte. Die kleine Firma beschäftigte bald 30 Leute, von denen die meisten griechische Immigranten waren.

Doch trotz dieser Expansion wies das Geschäft ständig Verluste aus, und Onassis beschloß, das Abenteuer zu beenden.

Sein erstes selbständiges Unternehmen war also ein Reinfall.

Viele Leute hätten jetzt aufgegeben und sich gesagt: »Na schön, das war's dann wohl. Es hat halt nicht sein sollen.«

Nicht so Onassis. Er gehörte zu der Sorte von Leuten, die nicht aufgeben und so eine Niederlage in einen Sieg verwandeln. Er ließ sich nicht entmutigen. Im Gegenteil, dieser erste Rückschlag war ihm ein Ansporn, sich noch mehr einzusetzen. Im übrigen sicherten ihm seine Tabakimporte immer noch beachtliche Gewinne.

Doch im Sommer 1929 verdarb ihm die kräftige Erhöhung der Tabaksteuer durch die griechische Regierung das Geschäft.

Onassis nahm dies zum Anlaß, zum erstenmal nach sechs Jahren wieder nach Griechenland zurückzukehren.

Er wollte dort an höchster Stelle vorsprechen und sein Problem darlegen.

Seine Intervention hatte Erfolg. Geholfen hat ihm dabei seine Kaltschnäuzigkeit.

Der Minister, der zugestimmt hatte, ihn zu empfangen, war mehr damit beschäftigt, seine Fingernägel zu schneiden, als den Klagen des jungen Kaufmanns zuzuhören.

Er schnitt ihm sehr bald das Wort ab, um ihn zu verabschieden.

Onassis ließ sich jedoch nicht in dieser Weise abspeisen.

Getreu dem Leitsatz »Niemals ein Nein akzeptieren!« gab er zurück:

> »Ich danke Ihnen für das Gespräch und hoffe, daß wenn wir uns noch einmal treffen, Sie meinem Vorschlag mit mehr Interesse begegnen.
>
> Ich dachte, Sie hätten viel zu tun, und nun sehe ich, daß Sie vor allem mit Ihren Fingernägeln beschäftigt sind. Ihre Hände sind für Sie anscheinend wichtiger als der Export unseres Vaterlandes.«

Diese kalte Dusche bewirkte eine unerwartete Wende. Der Minister war beeindruckt und führte nun mit Onassis ein ernsthaftes Gespräch.

Später wurden die Handelsgeschäfte zwischen Griechenland und Argentinien wiederaufgenommen.

Onassis nahm die Gelegenheit seines Griechenlandaufenthaltes wahr, um sich mit seinem Vater auszusöhnen.

Nun, da er bewiesen hatte, daß er seinem Vater ebenbürtig war, genoß er in seiner Familie ein höheres Ansehen.

Trotzdem kehrte er nach Argentinien zurück, und zwar nicht nur wegen seiner Tabakimporte, sondern auch weil er daran dachte, in den Seehandel einzusteigen.

In Montevideo kaufte Onassis sein erstes Schiff, das heißt, Schiff ist vielleicht zuviel gesagt, denn es ähnelte mit seinem verrosteten Rumpf eher einem Wrack. Nichtsdestotrotz beschloß Onassis, es zu kaufen.

Alle seine Freunde rieten ihm dringend von diesem Kauf ab, der ihn ihrer Meinung nach in den Ruin führen würde.

Diesen Standardsatz haben alle reichen Leute irgendwann einmal in ihrem Leben von ihrem Freundeskreis gehört. Denn was den reichen Mann von dem Normalbürger unterscheidet, ist eben die Fähigkeit, das Mögliche dort zu sehen, wo andere das Unmögliche sehen.

Und in diesem Fall hatten die Ratgeber sogar recht. Das 25 Jahre alte Schiff, das unter großem Kostenaufwand renoviert worden war, riß sich bei einem Wirbelsturm, der über den Hafen von Montevideo hinwegfegte, vom Anker los und sank.

Doch wieder gab Onassis nicht auf.

Gegen Ende des Jahres 1932 kam die Zeit der großen Entscheidungen. Sein erster Mißerfolg als Reeder hatte Onassis in keiner Weise davon abhalten können, in diesem Bereich zu investieren.

Die Schiffe verfolgten ihn. Beflügelt wurde er durch seine feste innere Überzeugung, daß er in eben dieser Branche und keiner anderen sonst erfolgreich sein würde.

Deshalb nahm er sein gesamtes, damals beträchtliches Vermögen von 600.000 Dollar und reiste nach London, dem damaligen Mekka der Schiffahrt.

Onassis war erst 26 Jahre alt. Aber er hatte es bereits zu einem gewissen Ansehen als geschickter Kaufmann gebracht.

Der Markt stand noch immer unter dem schweren Druck der Weltwirtschaftskrise von 1929, ein Umstand, der sich auf das Investitionsgeschäft außerordentlich günstig auswirkte. Die Schiffe waren billig und weit unter ihrem normalen Wert zu haben. Ideal waren die Schiffe, die zehn Jahre alt waren. Sie hatten bei ihrem Bau eine Million Dollar gekostet und wurden in diesen schwierigen Zeiten nun für lächerliche 20.000 Dollar gehandelt, eine Summe, die man damals für einen Rolls-Royce hinlegen mußte.

Das was Onassis als Kind mit den angekohlten Bleistiften gemacht hatte, wiederholte er nun – auf einer anderen Ebene – mit Schiffen.

Seine ersten beiden Schiffe kaufte er für je 20.000 Dollar. Er taufte die beiden Schiffe auf die Namen »Sokrates« und »Penelope«, zu Ehren seiner Eltern.

Um zu dieser Zeit mit der Handelsschiffahrt Geld zu machen, brauchte man einen Riecher für Frachtkostenfluktuationen und taktisches Gespür.

Beide Fähigkeiten besaß Onassis. Darüber hinaus war er ein unverbesserlicher Optimist.

Er war verwegen und risikofreudig und unterschied sich dadurch von den meisten anderen griechischen Reedern, die sich in London niedergelassen hatten.

Die harte Wirtschaftskrise hatte ihm zumindest als Reeder nichts anhaben können.

Deshalb hatte er auch keine Angst zu investieren.

Ein weiterer Charakterzug, der Onassis zum Erfolg verhalf, war seine Fähigkeit, gut zuhören zu können.

Alle Leute, die Onassis näher kennenlernten, bescheinigten ihm diese Fähigkeit und sagten übereinstimmend: »Wenn man mit ihm zusammen war, hatte man immer das Gefühl, daß man seine besondere Wertschätzung besaß.«

Und ein Reporter der »New York Times« sagte nach einem Interview einmal: »Ich hatte das Gefühl, einen Burschen vor mir zu haben, der die Fähigkeit besitzt, den Eskimos Eisschränke zu verkaufen.«

Onassis kaufte ein Schiff nach dem anderen, renovierte es und verkaufte es mit Gewinn, und nach fünf Jahren besaß er sogar eine eigene Flotte.

Er kaufte die Schiffe niemals mit seinem eigenen Geld, sondern immer mit den Krediten der Banken, und praktizierte so das Geheimnis von O. P. M.

---

Other People's Money! Mit dem Geld von anderen Leuten reich werden!

---

Dieses Prinzip, mit dem Geld der Banken zu arbeiten, führte Onassis zur Perfektion.

Ein Beispiel dafür: Als Onassis einmal einen Tanker mit einer besonders risikoreichen Finanzierung kaufen wollte und die Bank die Finanzierung wegen unzureichender Sicherheiten ablehnte, ging Onassis taktisch vor.

Er bot der Bank einen Mietvertrag von der Ölgesellschaft an, deren Öl er mit dem Tanker transportieren wollte.

Die Einnahmen aus dem Mietvertrag sollten direkt an die Bank gehen.

Da die Ölgesellschaft ein großer Kunde der Bank war und einen hervorragenden Ruf hatte, mußte die Bank dieser risikoreichen Finanzierung zustimmen.

Sie sehen: Köpfchen muß man haben!

Das Vermögen von Onassis wuchs in den folgenden Jahren stetig an. Im Jahre 1953 übernahm er die Kontrolle über die »Seebädergesellschaft von Monaco«.

Dieser Gesellschaft gehörte das weltberühmte Spielcasino von Monte Carlo.

Mit diesem Coup wurde Onassis schlagartig berühmt. Für den Mann auf der Straße und auch für die Finanzwelt wurde Onassis der Mann, der die Bank von Monte Carlo gekauft hatte.

1956 veranschlagte Onassis sein Vermögen auf 300 Millionen Dollar, und dieses Vermögen wuchs ständig weiter.

Auf dem Höhepunkt seiner Karriere fragte Onassis einmal seinen Hauptbuchhalter, ob er ihm die Höhe seines Vermögens angeben könne.

»Kein Problem«, antwortete der Buchhalter. »Ich kann Ihnen die Antwort in zwei Jahren geben, wenn all Ihre Buchhalter, all Ihre Sekretäre ihre gesamte Arbeitszeit darauf verwenden, nachzurechnen, was Sie auf der Bank haben, wieviel Ihre Gesellschaften wert sind und welche Summen man Ihnen schuldet.«

Wissen Sie nun, was wahrer Reichtum ist?

Als Onassis nach seinem Erfolgsrezept im Leben gefragt wurde, gab er folgende Grundsätze an:

Pflegen Sie Ihren Körper. Seien Sie gut zu ihm, kümmern Sie sich nicht um zufällige Äußerlichkeiten.

Sehen Sie mich an! Ich habe wahrlich nichts von einem griechischen Gott, aber ich habe meine Zeit nicht damit vergeudet, über mein unschönes Äußeres Tränen zu vergießen.

Denken Sie daran, niemand ist so häßlich, wie er glaubt.

Essen Sie mäßig, wenn Sie eine dringende Sache zu erledigen haben. Vermeiden Sie zu reichhaltige Mahlzeiten und Alkohol.

Zuviel Alkohol macht müde, und zu lange Mahlzeiten vergeuden unnötig Ihre kostbare Zeit.

Warten Sie bis zum Abend, und lassen Sie in Gedanken noch ein letztes Mal mit Genuß Ihre vollbrachten Leistungen an sich vorüberziehen, bevor Sie sich dann im Kreise von Freunden ein gutes Essen schmecken lassen.
Aber vermeiden Sie es, bei Tisch über geschäftliche Dinge zu sprechen.

Treiben Sie Sport und halten Sie sich fit. Machen Sie eine Sportart, bei der Sie vollkommen abgelenkt werden und auf andere Gedanken kommen.

Mit der Pflege Ihrer äußeren Erscheinung ist es jedoch nicht getan. Geben Sie sich den Anstrich feiner Lebensart. Wohnen Sie in einem schönen Haus, selbst wenn Sie dort nur zur Miete wohnen.
Besuchen Sie elegante Cafés, selbst auf die Gefahr hin, daß Sie an Ihrem Getränk aus Kostengründen nur nippen können.
Sie werden dort mit reichen Leuten zusammenkommen und gute Kontakte knüpfen, und Sie werden schnell merken, daß auch Leute, die viel Geld haben, mit Einsamkeitsgefühlen kämpfen.

Wenn Sie knapp bei Kasse sind, nehmen Sie ein Darlehen auf. Verlangen Sie niemals eine zu kleine Summe. Verlangen Sie große Summen, und zahlen Sie sie immer möglichst noch vor dem Termin zurück.

Reden Sie mit niemandem über Ihre Schwierigkeiten und Ihren Ärger. Lassen Sie die anderen in dem Glauben, daß es Ihnen prächtig geht.

Schlafen Sie nicht zu lange. Sie könnten beim Erwachen feststellen, etwas verpaßt zu haben.

Ein Jahr lang täglich drei Stunden weniger Schlaf, und Sie haben anderthalb Monate mehr, um erfolgreich zu sein.

Aristoteles Onassis starb am 15. März 1975, und es war seinen Erben eine lange Zeit unmöglich, sein genaues Vermögen festzustellen.

# Der Schluß

Am Schluß dieses Buches möchten wir Ihnen für Ihre Aufmerksamkeit, mit der Sie dieses Buch gelesen haben, danken.

Wir haben Ihnen große Persönlichkeiten vorgestellt und erfolgreiche Menschen. Jeder dieser Menschen war am Anfang seiner Karriere genauso unbekannt wie Sie.

Sie haben die Prinzipien gelesen, die diese angewendet haben, um reich und erfolgreich zu werden. Nun müssen Sie diese Prinzipien nur noch selbst anwenden, um Gleiches zu erzielen.

Auch wenn Sie das eine oder andere Kapitel bereits wieder vergessen haben sollten. Das macht nichts. Ihr Unterbewußtsein hat nämlich alle Kapitel ebenfalls mitgelesen.

Und wie Sie ja bereits wissen: Das Unterbewußtsein vergißt niemals etwas. Jetzt liegt es nur noch an Ihnen, dieses Unterbewußtsein auf Erfolg zu programmieren.

Den Schlüssel dazu halten Sie mit diesem Buch in der Hand.

---

So, und nun gehen Sie einfach los, und werden Sie reich und erfolgreich.

---

*Scharfe
Munition gegen
die europäische
Währungsunion*

BRUNO BANDULET

euro

## WAS WIRD AUS UNSEREM GELD?

Ende der Täuschung:
Requiem für den Euro

Maastricht: Währungsunion
oder Währungsreform?

Operation Rheingold und der
Schatz der Bundesbank

Inflation – Ausweg aus der
Schuldenfalle?

Wie Sie als Anleger auf
Nummer Sicher gehen

WIRTSCHAFTSVERLAG LANGEN MÜLLER / HERBIG

**E**in heißes Buch
voller unangenehmer
Wahrheiten und vieler
Warnungen...
Euro-Gegnern liefert
dieses Buch scharfe und
treffsichere Munition.
Süddeutsche Zeitung

WIRTSCHAFTSVERLAG